U0840123

文化昆明

WENHUA KUNMING

禄劝

LUQUAN

三水一江地

彝歌苗舞乡

总策划 程连元 王喜良

主编 金幼和

本卷主编 付应芝

云南出版集团 云南人民出版社

文化昆明

禄劝

WENHUA KUNMING
LUQUAN

禄　劝

图书在版编目（CIP）数据

文化昆明．禄劝 / 付应芝主编．-- 昆明：云南人民出版社，2020.6
ISBN 978-7-222-17372-9

Ⅰ．①文… Ⅱ．①付… Ⅲ．①文化史－禄劝彝族苗族自治县 Ⅳ．①K297.41

中国版本图书馆 CIP 数据核字（2020）第 033394 号

出 品 人： 赵石定
责任编辑： 苏映华　刘　焰
装帧设计： 李乐乐　熊小熊
责任校对： 姚实名
责任印制： 窦雪松

文化昆明·禄劝

主编： 付应芝
出版： 云南出版集团　云南人民出版社　// **发行：** 云南人民出版社
社址： 昆明市环城西路 609 号　// **邮编：** 650034
网址： www.ynpph.com.cn　// **E-mail：** ynrms@sina.com

开本： 787mm×1092mm　1/16　// **印张：** 17　// **字数：** 225 千
版次： 2020 年 6 月第 1 版第 1 次印刷
印刷： 云南出版印刷集团有限责任公司　云南新华印刷一厂

书号： ISBN 978-7-222-17372-9　// **定价：** 79.00 元

如需购买图书、反馈意见，请与我社联系
总编室：0871-64109126　发行部：0871-64108507
审校部：0871-64164626　印制部：0871-64191534

云南人民出版社微信公众号

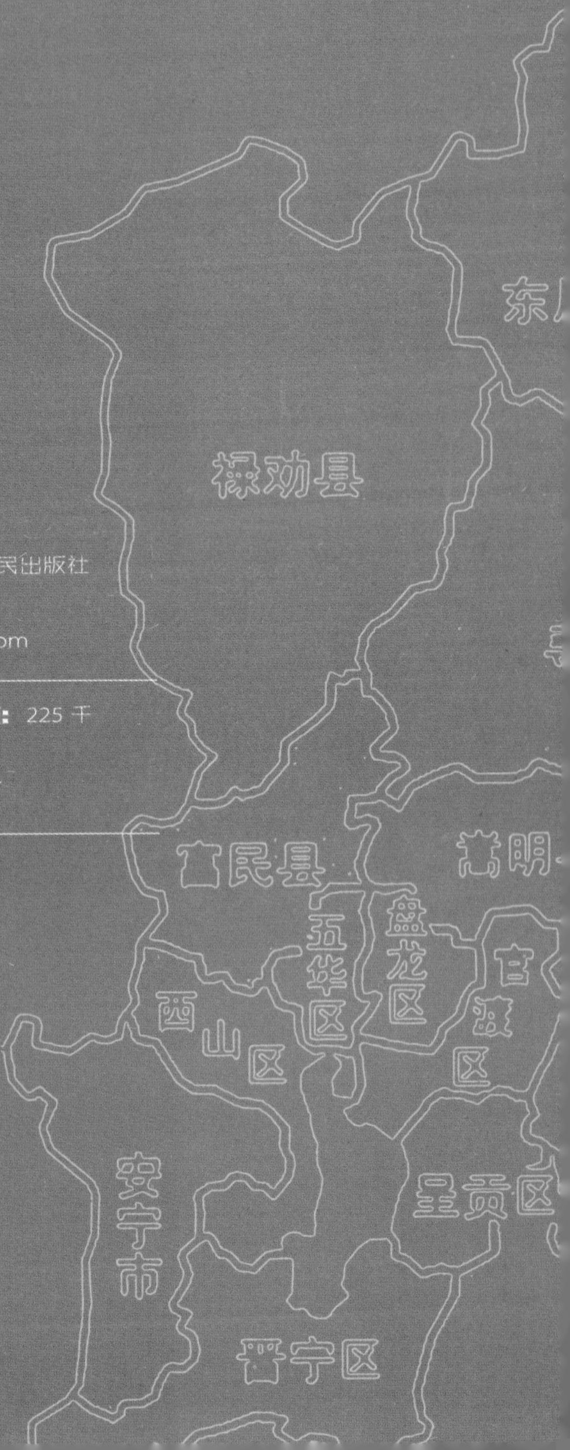

总　序

历史名城　异彩绽放

云南省省会昆明，地处中国西南边陲，有“春城”之美称，是一座有着悠久历史和奇特自然风光的诗意之城。国务院1982年公布首批24座历史文化名城，昆明就以其优势位列其中，尽展风采。翻开这套精美的“文化昆明”丛书，可以让你尽览其内涵的丰富和博大，满足你对昆明文化的追思与怀想。

转眼之间，昆明已经走过1240多年的漫漫历程。它古老而年轻，传统而时尚，在时光中积淀下丰富多元的文化底蕴，向世界展示出“历史文化名城”的奇特风姿。它三面环山，南依滇池，在历史的波涛中经历岁月变换。上天垂怜，这里天高云淡，彩云南现。花在这里四季不谢，风过这里温暖如春。

“春城”之名，名副其实。

早在2000多年前，昆明就是“南方丝绸之路”的重要陆路枢纽，连接起中国和世界的友好往来。当今盛世，它又重振开拓进取的雄风，成为中国面向南亚、东南亚开放的门户城市。它浓缩了云南省的区位优势，集中体现了云南的美丽、神奇和多姿。它是国家历史名城，也是中国重要的旅游、商贸城

市。在昆明获得的众多荣誉中，近年新获的这几项尤其能说明它的独特优势：2016年中国十佳绿色生态旅游城市、2016年中国最具魅力宜居宜业宜游旅游城市、2017年世界春城十佳、2017年中国年度文化影响力城市……昆明正在以出色的自然生态环境和深厚的文化底蕴，向世界展示历史文化名城的特殊魅力。

历史是一幅壮丽长卷，展开这幅长卷，你将会看到昆明这座历史名城的前世今生，感受到它的风起云涌、波澜壮阔。它在时间中一路走来，历经岁月风霜，积淀下厚重的人文传统。“文化昆明”丛书就是为了展示昆明文化风采而作的一部大气之作。翻开它的书页，将引领你进入一个古老博大、丰富多彩的昆明。你会看到，在岁月帷幄后面，昆明收藏着一部部风云传奇。

早在数千年前的漫漫时光中，古滇国人就开始依傍滇池筑城。一座苴兰城，在历史的天幕上熠熠生辉，留下几多风中传奇，为昆明开启了一扇文明之门。后来又历经汉代的谷昌城、南诏的拓东城、大理国时期的鄯阐城、元代的鸭池（或中庆城）……城市的身影在历史的烟云中起伏，文明之光在时间长河中闪耀。一路走来，至明代的“龟蛇之城”，终于奠定今天昆明城的基础和风貌。那些承载着昆明历史与传奇的事物，至今还在历史舞台上演绎着不息的传说。

翻开“文化昆明”丛书的书页，历史画面如风如雾，岁月足音隐隐可闻。金马扬蹄碧鸡欲飞，五华风烟谱一代传奇。你会发现，昆明的每一段历史都和国家命运紧密相连；每一张书页中，都有生动的故事随风传扬。重九起义、护国运动，写下不朽历史篇章；蜿蜒跌宕的滇越铁路、滇缅公路，带着使命从昆明出发，谱写下时代风云传奇；滇军台儿庄抗战从昆明启程，西南联大入滇到昆明集合，历史见证着昆明对国家、民族的无私奉献……

昆明是云南的中心，也是历史风云的大舞台。穿过时光隧道，可以窥见历史波光潮起潮落，永不沉寂。真正是叹不尽数千年往事，写不尽代代英雄辈出。

有着悠久历史的昆明，不但有厚重的历史文化底蕴，还有无数美丽动人的自然风光。立体多元的气候条件和自然资源，更是昆明得天独厚的优势。

水，滋养了昆明古老的历史，也创造了昆明文化的精神：博大、包容、温润、丰厚，是一座城市发展进步的精神底蕴。滇池是全国第六大淡水湖，辽阔五百里，风光无限好，如同一面明镜，为昆明带来“波光潋滟三千顷，莽莽群山抱古城”的美景。它是昆明的母亲湖，更是昆明历史文化的重要源泉。盘龙江等河流从四面注入其中，汇聚成一个壮观的高原之“海”。它收纳昆明的历史光影于波光涛影中，见证着时间岁月的悠久绵长。它养育了古滇国的厚重，创造过古滇文化的奇观。从昆明穿城而过的盘龙江，则如同一条蜿蜒长龙，书写下昆明现实发展的壮丽长卷。

山，是昆明的屏障，昆明的筋骨，支撑起厚重的历史与文化。耸立的山峰，是昆明精神的另一种写照，象征着坚强的意志与不屈的努力进取。群山拱卫昆明，守护着中国西南这片边远辽阔的美丽疆土。立足滇池，放眼四方，“东骧神骏，西翥灵仪，北走蜿蜒，南翔缟素”。山是昆明文化精神的另一个侧面，它代表着坚毅、刚强，以千万年的沉默，矗立成一种不屈的精神。

如此多情山水，养育了昆明的花，风情万种，四季不谢。花是昆明人温婉、多情性格的体现，也是昆明这座城市热情、开放、进取精神的象征。“不要人夸好颜色，只留清气满乾坤。”无论哪个季节来到昆明都有鲜花盛开，每个角落都会给人充满温馨的享受。近年来，斗南的鲜花市场在努力进取中崛起，以花色缤纷、花市多姿而闻名世界，为昆明这座“花之都”平添异彩。

昆明的自然景观丰富多元，人文创造相得益彰。在历史长河中，昆明一直在努力奋进，奋勇拼搏，追赶着时代前进的步伐。它由民国时期的4.49平方公里，发展到今天的21473平方公里，就是最好的证明。如今的昆明下辖7区6县1市，其省会城市的规模和风姿独放异彩。每一个区、县、市，都已经形成自己独特的特色和优势，共同构成一个多元、开放、进步的新昆明。放眼之处，五华拥翠，盘龙蜿蜒，官渡涛涌，西山苍劲，主城的四个区，历史悠久，风景独异，拱卫出昆明的内核和精神气蕴。

“中国花卉第一县”的呈贡区，这里不仅有驰名天下的斗南花市，还是中国著名的蔬菜生产基地。大学城的建成，更为它增添了浓厚的文化意蕴。地处昆明东北部的“天南铜都”东川区，则以红土地的神奇壮美闻名于世，描绘了一幅壮丽的自然画卷。位于滇池之畔的晋宁区，有深沉厚重的历史底蕴。它是古滇王国的发源地，青铜文化的古老摇篮。富民县素有“滇北锁钥”之美称，默默守卫着昆明北大门。嵩明县收获了“滇中粮仓”“花灯之乡”“龙狮之乡”之美誉。寻甸回族彝族自治县，红军长征在柯渡留下了红色遗迹，向后人昭示着一种开拓进取的精神。石林县有“云南石林世界地质公园”，宜良县有“九乡风景区”，每一处都是大自然的鬼斧神工，也是闻名天下的自然奇观。禄劝彝族苗族自治县境内的“乌蒙轿子雪山省级自然风景保护区”，苍峰雪顶，珍奇遍地，也是一处神奇险峻的自然杰作。距昆明32公里的安宁市，历史悠久，有“螳川宝地，连然金方”之美誉。2017年11月，安宁市又力挫群雄，荣获“全国文明城市”荣誉称号。

今日的昆明开拓进取，成果卓著。触目处有花香遍地，鸥鸟欢鸣；举头望长空雁叫，银鸟翱翔。还有一条条高铁线路，如风如电，连接起八方美景。一个立足西南、放眼世界的新昆明，正在时代征程中尽展风姿。

自然风光旖旎多姿，人文精神源远流长，二者互相映衬，在长长的时间轨迹中塑造了昆明文化的基本精神：丰富多元，立体多姿；开拓进取，敢为人先。它为昆明在新时代的发展进步，奠定一片厚重背景。

文化是一块土地千百年历史精华的凝聚，是无数人心血和汗水的创造。文化也是当代人的精神家园，是一座城市的根脉所在。作为一个地处边疆、多民族共居的城市，作为一个承载着丰富时代内涵的省会城市，昆明的魅力不言而喻，它是中国西南大地上一块闪烁着五彩奇光的瑰宝。

优秀的传统文化，是经过时间之网过滤之后的岁月精华，是一代代人心血和精神的凝聚，也是一个时代创新发展的源泉和根基，一块土地的根脉之所在。有了文化的滋养，一座城市才能在前进征程中焕发新光彩，激发前进的动力。优秀的传统文化，也是不可再生的精神资源，需要我们怀着敬畏之心去学习和传承。

人们怀念老昆明，就是对优秀传统文化的追思与怀想。它们是那些从时间之页上流走的古老日子，既有风云变幻构成的宏大篇章，也有日常生活的平凡与诗意。诸如传说中“昆明八景”的瑰丽，滇池浪尖的鱼跃，盘龙江畔花灯的悠远，还有西山龙门的险峻，南屏街梧桐的婆娑，正义路灯火的璀璨……

翻开“文化昆明”丛书，它可以满足你对传统和现实的审美需求，可以展现给你昆明多姿的侧面和丰富的内涵。组织编写这套丛书，是本着一种对历史负责的态度，对子孙后代负责的精神，对昆明文化内涵的一次集中梳理与总结。同时，这也是在历史长河中捡拾珍珠的过程，把它们连接成一串闪光的珠串。

用历史的眼光、文化的视觉、文学艺术的手法、文化大散文的表现方式，来展现昆明的文化，让昆明的历史和特色生动形象地彰显于世，这是组织者的良苦用心。多姿多彩的文本，行云流水的文字，是昆明众多文人才子精神智慧和文学才华的倾情奉献。

一套“文化昆明”丛书，将昆明历史文化的精华囊括其中。每一页都有岁月之光在闪耀，每一册都有珍珠珍藏其中。翻开它，你可以从滇池涛声中谛听古老岁月的悠悠回声；进入它，你可以展望新昆明的辽阔远景。古老悠久的文化传统，如同川流不息的盘龙江，滋润着昆明这块古老、开放的土地，引领它创造更加美好的未来。

序

三水一江地　彝歌苗舞乡

一

金沙江南岸群峰耸峙，无边无际的杜鹃花海中，诗行乐韵般的涓涓细脉如歌如诉，逐渐在滇中北部的山峡间汇聚成一条波光潋滟的河流。

在漫长的时空古道上，这条亘古万年的河流几乎纵贯禄劝全境，或囿于时，或因于地，在不同的时期和不同的流段拥有着不同的名称。最终，它选择了掌鸠河作为自己的地理符号和文化标记，由北而南一路欢歌，穿越秀屏坝子后，在县境南端的营盘山前轻灵一闪，劈开山峡，调头东向，汇入源自高原母亲湖滇池的普渡河后，逐流随波，反向入境。由南而北一路接纳了包括洗马河、九龙河在内无数的溪涧泉流，在神奇秀美的轿子山下扑入金沙江后，借助长江的赫赫威名和万般仪态，一改温柔秀媚之姿，高歌猛进，奔向浩瀚的海洋。

三水。

一江。

发源于杜鹃花海的掌鸠河、来自滇中高原母亲湖的普渡河、汇集了轿子山冰雪融流的洗马河，奔向远方的金沙江，牢固地确定了禄劝在这个美丽星球的区域坐标。在这些河流的一路欢歌腾跃中，山间留下了一个接一个的坝子，河流交汇的冲积地带，则是一个个以河口、坪子为地标符号，貌似狭窄却资源富集、土地丰腴的风水宝地。三河一江塑造了山川大地，孕育了苗稼百谷，也绘就了万紫千红的禄劝文化图景。因之，就某种意义而言，三河一江未必确有所指，而是如彩色经纬线一样纵横四千多平方公里、编织禄劝锦绣河山的无数河流溪涧。

山，正是由于这些泉流溪涧而充满灵韵。

仙台山前花红柳绿，从遥远的山峡中撞岩劈岭匆匆北来的掌鸠河进入了如诗如画的秀屏坝子。然而，在这里，喧腾欢闹了近百公里的掌鸠河却安静下来，静得波平如明镜，静得绿荫唯鸣蝉。在少有的安静后，一路向南的河流突然轻灵一闪，避开仙台山，向东劈开群峰，再次呼啸而去。仙台山下有个地方叫营盘山，这是禄劝第一个名正言顺打上文化烙印的地理名称。在云南考古史上，它的全称是禄劝营盘山新石器时代文化遗址。丰富的考古发掘成果证明，至少在距今四五千年前，禄劝这片古老的山水间，已有先民经历了蒙昧的人类早期，完成了旧石器时代并创造了新石器时代。仙台山上炊烟初起，人类文明的曙光，已在三水一江的迷人波光中熠熠生辉。

那轻灵的一闪，是大自然对禄劝先民文明成就的礼让吗？

那决然的转向，是大自然对禄劝先民文明成就的致敬吗？

二

远古的时候，人类共同经历了一个洪水时代，这个难以承受的悲剧时代却为后人留下了丰富的文化想象空间。经历了传说时代和半信史时代，某些充满奇思异想和人类早期智识的想象，最终沉淀为瑰丽的文化精品。

彝族有一个共同的祖先。这个祖先为后人留下的“六祖分支”的壮美史诗——流传了千百年的《六祖魂光辉》，就是中华民族文明史上瑰丽的文化精品之一。

也许是在某次庆祝丰收歌罢舞歇的彻夜狂欢之后，也许是在某个宴请嘉宾酒酣梦美的清晨醒来之时，彝人的祖先笃慕和他的部落猝不及防地陷入一场灭顶之灾。不知来自何方的滔天洪水，浩荡凶险地从四面八方袭向彝人的旧营新寨。在部民的悲号和儿女的哭泣中，笃慕老祖临危不惧，请神、起卦、卜筮、推演、决策，凭着神灵的暗示和丰富的经验，让六个儿子率领部族分头向不同的方向，开始了一场彝族文明史上颂扬千古的胜利大逃亡。这一壮举，成就了禄劝文化史上，也是西南彝族文明进程中悲壮绮丽的史诗《六祖魂光辉》。逃难的六子中，长子所率的武部、次子所率的乍部最终进入了史诗所描述的“高高洛尼白，岩穴天然屋。石屋宽又牢，洪水淹不到”的洛尼白山，并且，在山中“新耕土地上，盖房种庄稼”，逐水而居的游牧部落进入了定居的农耕时代。这无疑是一个巨大而影响深远的进步。当然，世代传承的口头文学与历史事实之间是存在距离的，笃慕老祖光照千古的丰功伟绩亦莫能外。据彝族文化史专家考证，“六祖分支”的历史起因或是强秦灭蜀之际，为避战乱而六祖星散，事在周慎王五年（前 316 年）秋。《六祖魂光辉》将分头逃生的起因托之洪水，或许是先民的文化记忆有误，把两件事弄混了；或许是史诗形成与流布过程中，为避嫌远祸而故意为之，假人祸于天灾。但时至今日，这些都不重要了，重要的是，现当代民族文化史研究表明，史诗中武、乍两部最终落脚点的洛尼白山，有两指，一指轿子山，一指火期山。特别应该说明的是，无论是轿子山还是火期山，都在“三水一江”框定的地理坐标中，即今禄劝彝族苗族自治县所属的行政区域内。而且，更重要的是，洛尼白山是后来威震滇中的乌蒙东爨三十七部之首的罗婺部的发祥地，也是元、明、清三代对云南有重大的政治、经济、文化、军事影响的凤氏政治集团的魂归地。

笃慕后人的不期而至，使寂然孤僻了无数时光的“三水一江”之地迅速热闹起来。唐中后期，掌鸠河西岸三台山的悬崖上出现了精美绝伦的天神造像，无论是在艺术史还是在宗教史上，都是滇中同时期最有影响的作品。其后，至迟在宋淳熙间，洛尼白山中，罗婺部已赫然成名，易笼城已坚实筑就。考察云南文明史，与滇中各地的文明进程和文化水准相较，禄劝这一时期的发展，并不逊色于他乡。

伴随着“六祖分支”悲壮诗行的形成与流布，洛尼白开始以“神山”的姿态进入民族文化典籍和地方文化史册。从此，在“三水一江”固定的地理坐标中，人来人往；在禄劝数千平方公里的山川溪涧中，花开花落。人来人往与花开花落中，一座座精神文化的长亭，在时空的古道上不断呈现，彝族、苗族、傈僳族、傣族、壮族、回族等各个世居民族渐次以大分散、小聚居的形式定居禄劝，并在“三水一江”构建的时空舞台上异彩纷呈各领风骚，展现了相互融合又自成体系的独特文化景观。

自治县的成立，是“三水一江”之地最重大的政治变革。利用《中华人民共和国宪法》《中华人民共和国民族区域自治法》等相关法律法规赋予的权力，各民族的传统文化受到前所未有的重视和保护，而农历五月花山节、六月火把节等传统节日，11月县庆等新晋节日被自治权力机关法定化，成为各民族展示文化形态和彰显文化成果的重要载体。就文化视野下的禄劝而言，如果说“三水一江”为彝歌苗舞的产生和积淀准备了坚实的物质基础与充裕的资源保障，那么民主法治则为彝歌苗舞的发展和繁荣提供了政治基础和法律依据。

在漫长的时空古道上，在迷人的文化长亭中，所谓的彝歌，所谓的苗舞，不过是语言学上修辞互文法的表述，民族文化上的泛指而已。实际上，彝歌苗舞未必尽属歌与舞，也未必尽属某一群体、某一区域。作为禄劝地域语境中一种广义的文化泛称，它涵盖了“三水一江”之地各个民族、不同区域丰富多样的文化形态。

三

文化是一个外延宽泛、内涵丰富的概念。营盘山上，怀揣一窝石头为生存而设伏、截击、捕猎食物的人有文化，那叫石器文化；掌鸠河边，指掐一掌手机为发展而设计、规划、沟通关系的人有文化，这叫网络文化。狭义的文化，则是神鼓舞、山歌情、《轿子山文艺》之类影响早已不囿于一时一地一县的精神活动产物。这些文化艺术成果，按鲁迅先生的定性和定位，是“国民精神所发的火光，同时也是引导国民精神的前途的灯火”。所以，审视“文化禄劝”的立题，自然离不开对狭义“禄劝文化”的追溯，离不开那些如流星般划过历史长空的领袖人物，离不开那些如彩虹般跨越时代长天的文化艺术作品。

“三水一江”和奇峰秀岭孕育了灿烂的民族民间文化。在文明的承接传递中，透过苍凉悲壮的过山号，穿越欢快祥和的唢呐调，融进优雅柔媚的芦笙曲，山野里，草长莺飞，杂树生花，放牛郎和牧羊女那些发乎于情的天籁之音飘逸了上千年；庙堂上，钟鼓齐鸣，五音雅和，那些文人雅士止乎于礼的鼓乐之声绝响于天地之间；火塘边，追根溯源，传道授业，那些苍颜长者赓续文明的优雅曲调至今仍与亘古不灭的火塘火同在；闺房中，怨而不哀，伤而不痛，那些纯情少女陈诉养育之恩和离别之情的哭嫁调其实透着幸福即将来临的韵味。

深厚的文化土壤孕育了万紫千红的文化之花，也滋养了一代又一代的文化人才。《六祖魂光辉》在地方文化史上有重要的地位，这是众口相传成经典的文化硕果。其后，“三水一江”之间，地方文化典籍不断出现，但一如前者，这些作品多为众口成章或众手成卷，以民族语言文化的形式流布当时、传诸后世。元明以降，“一经教子、四礼正家”的文化生活渐为各个阶层、各个群体所接受，汉儒文化逐渐成为主流，禄劝开始出现了第一代使用汉儒文化形式来表情达意的少数民族知识分子，张扬凤氏历史功绩的镌字岩彝文碑是国内现存最古老的彝文碑，张仕敬的《雪山集》开“三水一江”之间文人创作辑集成书的先河；和着掌鸠河波涛和幸丘山松涛吟唱的听涛诗人鲁大宗，是晚清在西南地区有影响的彝族诗人；在20世纪20年代，负笈求学的梅宗黄则以扎实的文化功底和丰硕的创作实绩，成为云南新文化运动的标杆；80年代，袁佑学的小说创作获全国优秀短篇小说奖，王昌福等人创作的彝剧《山歌情》获文化部（今文化和旅游部）表彰奖励；近年来，县委、县政府以培养人才建设队伍、活跃创作推出作品为目的，大力支持各个门类的文化活动和各种形式的艺术创作，创办《轿子山文艺》，有计划出版"轿子山文艺"丛书。"三水一江"之地，禄劝人在文学创作、戏曲表演、书法、美术、摄影等各种艺术形式方面都取得了令人欣喜的创作成就。其中，小说、诗歌、报告文学、戏曲、书美、摄影等领域都有作者或作品获过省市级以上的奖励。

在一个再树民族自信、复兴盛世光辉、共筑美好未来的伟大时代，因时而兴，乘势而变，随时而行，狭义的"禄劝文化"正和广义的"文化禄劝"和谐共存。

四

"三水一江"之地成就了彝歌苗舞乡。

禄劝繁富绮丽的文化成果，或来自迁徙征战之间，或起源于五谷丰登之际，或产生于艰辛劳作之余，或迸发于两情相悦之时。代代传承的文明成果，推陈出新的艺术形式，繁富却不混乱，绮丽而并不驳杂，因为，在"文化禄劝"的大观园里，每一个直观细微的文化事项，在可书可绘的文化表征下，都有着语言或文字难以穷尽的精神实质。

当观察的视角随着生存和发展的需求而发生变化时，我们会发现一个沉重的事实，一直以来让我们沾沾自喜的"三水一江"之地，其实一直以来也是山穷水恶处。这片山连山、峰挤峰的地方，千百年来天灾不断于书，人祸不绝于口，滑坡、泥石流防不胜防，干旱、倒春寒年年有之，地震灾害更是以每 15~20 年发生一次的周期威慑着人们。

同时，这"三水一江"网络编织的地理区域，还有更为特定的经济建设与社会发展标识。因为中国革命史和军事史上的一次悲壮历程，禄劝成了当之无愧的革命老区；因为占总人口三分之一的少数民族栖居其间，禄劝成为民族自治县；因为边远偏僻的地理区位，禄劝打上了边疆边远地区的符号；因为艰辛漫长的发展进程和捉襟见肘的经济基础，禄劝烙上了贫穷落后的印记。国家实施定点扶贫战略措施以来，老、少、边、穷的区域特点，使“三水一江”之地始终是国务院重点扶持的县级行政区域。

然而，正是在这样一片环境恶劣的山水中，一代又一代的禄劝人不但积极生存着，而且努力发展着，在既战天又斗地的过程中，熔铸了一种以乐观豪迈、崇实善真为核心的精神文化基质。拥有这种精神基质的群体，呈现出既恣肆敢为又小心谨慎，既豪情万丈又柔情万种，既敬神求鬼也拼搏自救，既勇于索取也乐于奉献的整体精神风貌。这些精神特质一旦被正确引导和正向倡导，就有可能凝聚成发展的内在动力，就有可能升华为时代的精神华章。

“马鹿塘精神”就是代表。

正是在这种精神的支撑下，恶劣的生存环境和艰苦的生存条件没有挡住禄劝经济的不断发展和社会的持续进步，一代又一代的禄劝各族群众汗浸百花，血染霜岩，从磨石为器的树穴先民炼成了敢于剑指长天的优秀群体，从结绳记事的闭塞时代拼入了信息高速公路瞬间连通全球的文明社会。

当历史的车轮隆隆驶进新的时代，蓦然回首，禄劝险山恶水中已建成了数千公里的交通网络，悬崖峭壁间凿出了云南省最长的输水渠道，“三水一江”之地架设了点亮千家万户的供电网络，尤其是扶贫攻坚的无死角推进，让各族群众最大限度地分享了改革开放的成果。四千多平方公里的禄劝大地，正在变成一片锦绣河山。

有这样的文化做支撑，有这样的精神为动力，“三水一江”之地，一定会成为各民族和谐共处、文明富裕、歌舞常新的美丽家园。

倡导一种让人自豪的文化，营造一种使人自信的文明，引导一种令人自觉的精神，正是编纂出版《文化昆明·禄劝》的目的所在。

目录 Contents

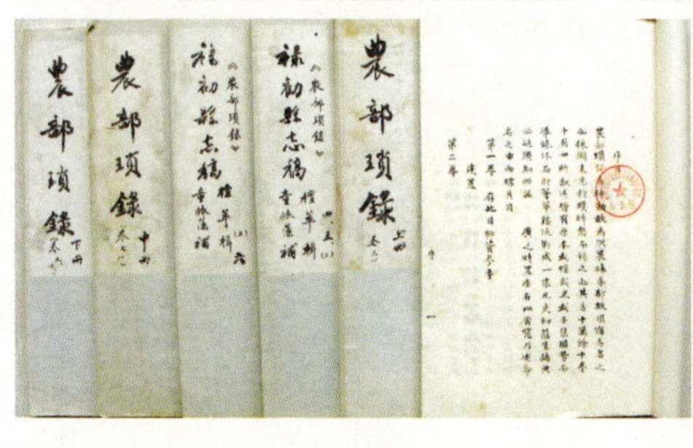

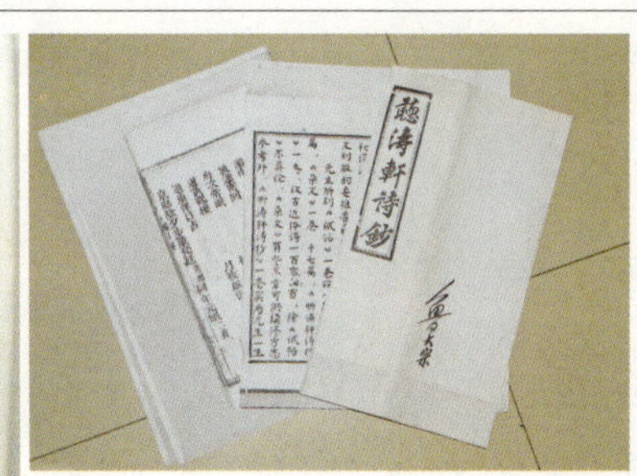

文化
LUQUAN
寻甸县
石林县

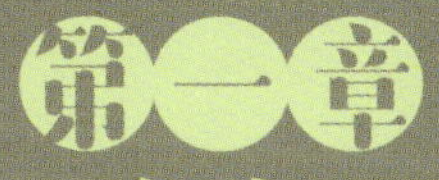

第一章 时光里的小城故事

翻开禄劝的历史，打开尘封的岁月，在千年的回望中，看见罗婺大地历史进程中每一次流星闪耀的瞬间，想起千年文明进程中无数的狼烟烽火、戍鼓笳声。从仙台山岩洞里升起的第一缕人类炊烟到幸邱山罗婺大寨的猎猎战旗，从云龙河畔的第一座土坯古城到高楼林立的禄劝小城，从毕摩手中古老的彝文经书到文艺刊物《轿子山文艺》，从三台山晚唐摩崖佛像到凤英泛舟掌鸠勒功石铭……历史的每一个瞬间，无不刻下深深的烙印，无不昭示着禄劝这片广袤大地上人类文明的源远流长。

有一块石头叫禄劝

崇德仙台山、大松树阿巧村发现的古人类生存遗址，向我们讲述了禄劝远古人类的秘密，让我们有机会穿越这些古老的石洞、石棺、石山，窥见禄劝人类文明的起源。

记得多年前一位外地朋友问我禄劝地名的含义，那时我刚刚工作，对地名没有研究，只模糊知道“禄劝”二字是彝语，跟石头有关，并没有更深地去探究它的来龙去脉。多年后开始从事地方志工作，有机会接触大量的地方史志资料，职业本身要求对一域之人文历史、地理风物有更深的了解。

于是，了解地名，便是我了解禄劝一域之历史文化的开始。

禄劝地处小江断裂带，自古山高谷深，境内多山石江河，地名大多与山形地貌有关，加之又是西南古彝人的重要发祥地。因此，又多为彝语。

“禄劝”一词，最早出自《南诏野史》，为彝语。

据明代学者杨升庵编著的《南诏野史》记载：“禄劝为羁縻宗州地，蛮名洪农碌券。”因禄劝是彝族世居之地，所谓“蛮名”即是“彝名”。元代，赛典赤主滇，嫌夷（彝）名不雅，遂改“碌券”为“禄劝”，并就此沿用至今。在纷繁浩瀚的汉语词海里，“禄劝”二字不见得就是什么雅词，与之前的“碌券”相比，也看不出有什么不同的意义。只是千百年后的今天，已经很难再去揣

烟波浩渺的云龙水库一景

度一个草原英雄的汉语情结了。

在千百年的历史进程中，禄劝彝人保留传承下来大量珍贵的彝文典籍，北京各馆现存的659部彝文古籍中有522部源自禄劝。自明清以来，随着西方传教士的进入，许多彝文古籍开始流向海外。现珍藏于美国、法国等国的彝文古籍，出自禄劝的占90%以上。1984年，禄劝设立了云南省首家少数民族古籍陈列室和古籍研究室。目前收藏有378卷彝文古籍，涉及历史、天文、地理、祭典等诸多内容，境内绝大多数地名来自这些彝文典籍。

在禄劝古籍陈列室，我见到了张晋智老师。中央民族大学少数民族语言专业毕业的张老师，出身禄劝世居彝族家庭，是正宗黑彝的子孙。他的祖父是毕摩（彝族祭司，彝族社会里最有威望的知识分子），他从小受祖父影响，耳濡目染，对彝族传统文化有深入的了解，专业从事彝族文化研究近30年。张教师在研究彝族文化的同时，兼管古籍。藏在老街深巷里的古籍陈列室，位于一栋红砖小楼里。几十平方米的陈列室里，四周都是古朴的木制书柜。透过干净的玻璃柜门，那些古老的文字，线装的书本，已泛出古旧的颜色。有的已出现毛边和残破；象形的文字，散发出古老的图腾韵味。张老师告诉我，这些彝文书籍，是一代又一代的毕摩，倾其一生，一笔一画抄写并传承下来的。张老师的工作，是翻译整理这些珍贵的彝文典籍，向社会提供通俗易懂的彝汉文对照读本，以方便更多的人了解彝族文化，了解禄劝的过往。长期对彝族文化和彝文文献的研究整理及运用，张老师成了一个真正的现代毕摩。

我向张老师请教禄劝地名的汉语之意。

按张老师的解释，其实，不管是元以前的“碌券”，还是现在的“禄劝”，均来自彝语“罗好知”的译音，而“罗好知”最初的彝语读音为“罗洪鲁者”，意为“罗婺家的地”，就是“罗

婺部族统治下的平民百姓之地”。罗婺是禄劝最早的彝族部落，发源于禄劝中西部的丹霞秘境幸邱山一带。由红砂岩石构成的幸邱山，位居今天禄劝云龙乡和撒营盘镇与武定县交界的大片区域，区域内巨石遍布，群山绵延，由巨石构成的主峰幸邱山高耸云天。“罗婺家的地”说的就是这一片绵延布满巨石的大山，“禄劝”就是有坚硬大石头的地方，又为有很多石头的山梁。千百年来，彝族祖先在这片长满山石的土地上繁衍生息，对石头，有着生生不息的眷恋。因此，很多地名都与石头有关。

翻开人类的文明史，我们会发现，早期人类的生存发展，无不与石头息息相关。石头，竟然是人类早期文明中不可或缺的重要物件，是人类进入文明史最早、最重要的凭介之一。在先民早期的生存过程中，石刀、石斧、石镰、石锛、石针成为他们狩猎索食、防身自卫的重要工具，石洞、石穴成为他

们栖身掩体的主要依托，石棺、石墓成为他们死后的归宿。

打开尘封的岁月，走进禄劝的历史，我们意外地发现，宋元时期兴起于幸邱山的罗婺部族，并不是禄劝最早的人类。其实早在新石器时代晚期，人类的祖先就在禄劝这片长满石头的土地上繁衍生息。

我们的祖先从远古的石洞里走来，在漫长的岁月里，缓缓穿行于金沙江、掌鸠河岸边的林岩山箐，用精心打磨的石刀、石斧采集、狩猎，喂养孩子，身上飘散着绿叶青草的味道，在年复一年的岁月流逝中，学会驯养动物。在水草丰美的掌鸠河两岸，开荒挖渠，种植水稻。天高云淡的九月，崇德仙台山飘散着稻米的清香，那是春天里种植在崇德小河边的稻子成熟了，妇女带着孩子，走出洞穴，用男人们打磨得锋利无比的石镰收割金黄的稻米。太阳照在小河上，白露挂满青草，孩子在水里嬉戏，成群的鱼儿在浅水里出没。冬天来了，山上覆盖着白霜，男人外出狩猎；妇女在山洞里燃起篝火，用精心烧制的陶罐煨煮食物，把柔软的麻皮纤维纺成细线织成粗布；孩子们在洞口玩耍，捡起地面的小石子练习射击，一群一群的云雀，从树林里惊起，又飞向另一片树林，高蓝的天空，有成群的大雁排队飞过。

二十世纪八九十年代，禄劝崇德仙台山、大松树阿巧村发现的古人类生存遗址以及大量的石制工具，向我们一一讲述了禄劝远古人类的秘密，让我们有机会穿越这些古老的石洞、石棺、石山，窥见禄劝文明的起源。重见天日的每一枚陶片、每一个瓦罐、每一件精工磨制的石器，都昭示着禄劝这片广袤土地上人类文明的源远流长。

❶ 禄劝彝文典籍《百解经》

❷ 彝文典籍之二

天上掉下仙人鞋

我看见夕阳里的仙台山，有云雾轻绕，山顶的天宇，挂着一弯淡淡的彩虹。忽然想起天上掉下仙人鞋的传说，顿觉整个仙台山和周边的村庄都罩着一股神秘缥缈的仙气。

禄劝县境南部仙台山的新石器人类洞穴遗址，是境内发现最早的人类活动场所之一。千百年来，仙台山洞穴遗址一直被深深隐匿。如果不是一场部队的开山取石，不是因为随炮火飞出洞外的石斧、石镰、石刀、碎陶片，这个禄劝境内人类最初的家园，终将淹没于岁月长河。

1965 年，云南省军区某部进驻禄劝崇德下坝村，由于部队建设的需要，以石灰岩地貌为主的仙台山成为部队的取石点。

开山的火炮声渐渐远去，满天的尘埃缓缓落定，仙台山尘封了几千年的往事缓缓浮现，远古的秘密终将被知晓。

20 世纪 70 年代中期，仙台山脚下板桥村一个叫张有福的年轻人在自家房屋后开挖山地，无意间发现一些形状奇特的石头。这些石头表面光滑，棱角线条分明，好似一只只鞋子。后来，好多村民都发现了类似的石头，因为这一带自古称仙台山，因此认定，这些奇怪的石头是从天上掉下的仙人鞋。

张有福是个读过书的人，他不相信仙人这码事，感觉这些石头背后一定另有故事，于是把石头拿到乡文化站。当年在文化站工作的毛华贵是和张有福从小一起长大的乡邻，毛华贵一见到那些石头就眼睛发亮，让他想起历史课本上的山顶洞人，想起书本上见过的那些石器的图片。他把这些长得像一只只鞋子的石头收集起来，请县文化馆的老师来看，后来传到了文化馆袁佑学老师手上。此后，袁佑学、白肇禧、潘学德、毛华贵等一群年轻的文化工作者经常爬上仙台山，想找到更多的物件和线索。在此期间，他们找到一些不同颜色的碎陶片，一些形状不一的打磨过的石器，也发现了几个洞口。

1984 年初冬的某一天，在云南省楚雄州举行文物普查的过程中，普查人员根据禄劝文化馆提供的线索，在掌鸠河畔崇德乡板桥村后的仙台山山腰发现了一处洞穴遗址。他们发现洞里散落着人类生活过的迹象，并采集了部分石器和陶片，初步鉴定为新石器时代晚期人类洞穴遗址。

1989 年 7 月，寂静了近五年的仙台山，又一次热闹起来，县文物办再次组织人员对仙台山人类洞穴遗址进行抢救性清理。以白肇

禧老师为领队的考古队伍在当地村民的协助下，再次进入山洞，对洞穴进行全面测量，对文化遗物进行深入清理，得出真实可靠的第一手实物研究资料。

据毛华贵老师介绍，此次发掘整理，共清出砂灰陶、夹砂石橙红陶、黑陶、泥质红陶等陶片2万余片。石斧、石锛、石凿、石刀、石纺轮、石臼等石器50余件，蚌刀4片、小海贝29枚，猪、牛、羊、马、鹿等动物牙齿和螺壳若干。据统计，崇德仙台山洞穴遗址是云南省同时期发现遗物最多的遗址。

出土的陶片经整理修复成陶器，以夹砂灰褐陶为主，橙红陶、橙黄陶次之，少量黑陶和泥质红陶。器形古朴，式样多变，纹饰丰富，以素面、菱纹、水波纹、篦齿纹为基本纹饰。有大型侈口尊、直口尊、单耳折领罐、鼓腹敛口杯等13种。制作工艺粗放，少量手制并磨光器壁，大部分采用手制加慢轮修整。器物以小平底器居多，少数器底有叶脉纹、麻纺织品纹和稻壳痕迹。

从崇德仙台山遗址所反映的社会经济形态和出土的文物判断，当时仙台山周围的高山峡谷和密林深箐，宜于各种动物繁

崇德营盘山出土的新石器时代陶器

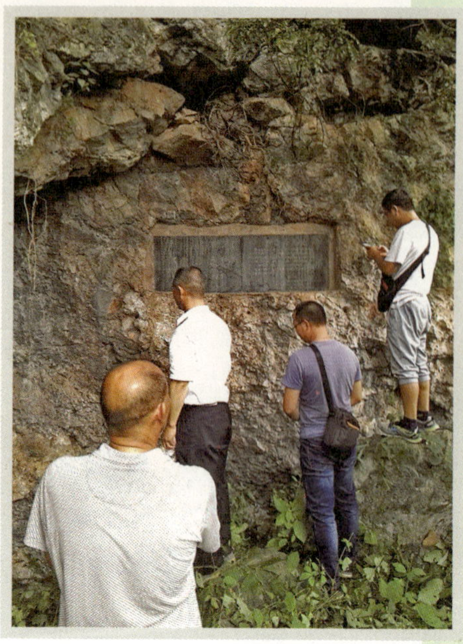

衍生息，温润的亚热带季风气候和河畔台地，适合种植水稻等农作物，纵横交错的河流溪涧，适宜鱼虾等水生动物的生长。这样的环境，为先民们提供了狩猎、捕捞对象。根据出土的动物骨骼和牙齿来看，证明当时已经饲养猪、牛、羊等动物。从出土的陶器饰纹和稻壳痕迹可知，除了以上的生产生活技能，仙台山的先民已经学会纺织和水稻种植。如此看来，除了毛皮树叶可遮风挡雨，先人已有轻薄的麻纺织衣物可穿了。

在禄劝4233平方公里的土地上，当崇德营盘山茂密的森林里升起第一缕人类炊烟的时候，文明的脚步就已经蹒跚起步，缓缓走来。

仙台山不仅是早期人类活动的家园，还是古时禄劝重要的宗教文化场所。

初秋的一个下午，我和同事及朋友一行相约去仙台山寻觅先人遗迹，同行的还有当年参与文物发掘的毛华贵老师。虽然节令已过白露，可山上依然绿意盎然，洞口往崇德小河方向，是大片缓缓延伸下降的台地，种满玉米、水稻等农作物，大片的绿，从山腰铺展至108国道。洞口左边的峭壁上，有县政府镌刻的保护碑文；山洞后侧的小路边，有市级文化单位立下的保护石碑，表明此地同时为市县两级文物保护单位。洞顶是一片平地，有人在此搭房建屋。山洞周围都是树木，虽不见高大的乔木，但密实的灌木林一直延伸至山顶。

同行的当地朋友介绍，山洞往东不远的地方，是昔日禄劝境内重要的道教活动场所；山中曾建有宏伟的道院群，一度香火旺盛，堪比建文皇帝

崇德营盘山新石器时代人类洞穴遗址

修行过的武定狮子山正续寺。不知道仙台道院建于何年何月，为何人所建，翻阅地方史志，清初禄劝知县檀萃的《仙台山记》一文有简略记载，称为炼丹师所建。此后，逐渐发展为境内重要的道教场所，直到20世纪60年代毁于“破四旧”。同行的当地朋友听父辈说过，崇德板桥村许多人家的房屋，是拆卸仙台道院的木头砖瓦建成的。

傍晚时分，有雨袭来，顺着朋友手指的方向，我看见夕阳里的仙台山，云雾轻绕，山顶的天宇，挂着一弯淡淡的彩虹。忽然想起天上掉下仙人鞋的传说，顿觉整个仙台山和周边的村庄都朦胧着一股神秘缥缈的仙气。

崇德营盘山出土的新石器时代石器

时光停在阿巧村

驻足阿巧，好似时光停止。高峡平湖里，仿佛驶来一只小小的木船，载渡禄劝五千年悠远的岁月时光。

当历史的车轮碾过又一个新的千年，在禄劝的大山深处，在金沙江畔的大松树乡（今乌东德镇）阿巧村，又传来了人类敲击山石的远古回音。这一次，人们发现的不是古人穴居的山洞，而是古人最后的归宿：石棺墓葬群。

位于乌东德镇镇政府驻地东北 25 公里处的阿巧村，因地处金沙江河谷，植被稀少，历来是一个干旱少雨的村庄，村民祖祖辈辈在干旱的红土地里耕种刨食，从没有想过自己从哪里来，又要到哪里去。更没想到过，几千年前，这里林木葱郁，气候温润，先人们在这里生儿育女，耕种狩猎，最后回归泥土，深埋地下。

在中国，20 世纪 80 年代是一个文化的春天，因“文化大革命”沉寂了多年的各类文艺，在这个春天，又以不同的姿势，开出种类各异的花朵。此时，不管是都市还是乡村，都充满浓浓的文化气息，人们充满好奇心和探索精神。

如今已退休赋闲在家的祝云仓，曾在禄劝大松树乡文化站工作。那时候，他还是个年轻的小伙子，对工作充满激情，满怀理想抱负，希望在金沙江边这片火热的土地上做出一番事业。80 年代的某一天，他和同事到阿巧村进行田野调查，听村民说起在地里捡到石器的事，充满好奇的祝云仓当即请村民带他去探查，并从此一发不可收拾。在阿巧村满是砾石的红土地上，布满祝云仓深深浅浅的脚印。他在阿巧这方小小的土地上来来回回奔跑了 20 年，寻觅、挖掘、记录、拍照、写调查报告，脚板跑出厚厚的茧子，青春的脸上跑出密实的皱纹，从年轻的小伙跑成中年的大叔。2004 年末至 2005 年 1 月，祝云仓为此奔波了 20 年的阿巧村新石器时代遗址终于迎来了专业考古部门的发掘考证。

根据祝云仓前期调查中发现的线索，昆明市博物馆和四川凉山州博物馆共同发起对金沙江流域文物的联合勘探活动。经过为期三个月的勘探和发掘整理，取得了重大考古发现。

在对金沙江畔大松树阿巧村营盘包古人类遗址进行勘探和

阿巧村附近的金沙江峡谷

发掘的过程中，发现了完整的8冢石棺墓葬，并对其进行清理。因破坏严重，墓葬中遗物较少，仅出土陶器5件。可是在随后对周边砂土层采集的过程中，却发现了大量的石器和陶片，共出土260件文化遗物。这些遗物是由于20世纪70年代村民在此进行过大规模的改土造田运动，致使许多埋藏在地下的石棺墓群遭到人为破坏后，混到土层中。遗物主要是陶片和石器，其中，陶片230件，石器6件。根据鉴定，禄劝大松树石棺墓葬为新石器时代晚期墓葬群，与崇德仙台山洞穴遗址为同一时期的人类活动区域。

禄劝崇德仙台山和大松树阿巧村新石器遗址的发现，对探寻古

代金沙江流域的先民迁徙路线及文化交流传播具有重要的考古价值。地处崇德仙台山的新石器时代洞穴遗址和大松树阿巧村的新石器时代石棺墓葬群遗址，分别地处禄劝南北两端，一个在最南端，而另一个在最北端。地理位置上一南一北的分布情况，至少说明，早在新石器时代晚期，禄劝境内的先民就已经是全境性的整体活动了，而非单一零散的活动。

大松树阿巧村出土的精美石器和陶器，再次印证了早在四五千年前的新石器时代晚期，禄劝这块广袤的大地上就有先民繁衍生息。

如今，中国第四大水电站已在阿巧村附近的金沙江上筑起高坝。阿巧村的门口，除了古老的先人遗址，又将汇集成一片平旷碧澈的湖。

驻足阿巧，好似时光停止。高峡平湖里，仿佛驶来一只小小的木船，载渡禄劝五千年悠远的时光。

❶ 乌东德金沙江峡谷

❷ 建设中的乌东德大坝

大松树金沙江峡谷村庄

世界上最古老的彝文摩崖

凤英自梁王山凯旋，偕府中宾佐泛舟禄劝掌鸠河，青山绿水间欢歌豪饮为庆，并在府治北三十里的悬崖峭壁间，各以汉、彝两语勒功石壁，把罗婺凤氏自阿而以来至凤英三百年间的豪门风云，尽书其上，在掌鸠河畔的悬崖峭壁间留下了中国现存最古老的彝文石刻，镌字岩之名由此而来。

除了昭示人类起源的各种石器，禄劝境内还发现了众多记录历史发展的摩崖石刻。

古代的人为了保存历史和记忆，把文字和图案镌刻在悬崖和石壁之上，留下了抹不去的岁月履痕。禄劝境内许多地方都发现过创作年代不一的彝汉文摩崖和石雕佛像，而在众多的摩崖中，最有研究价值的，就是镌字岩彝文摩崖。

镌字岩彝文摩崖位于今天禄劝屏山街道发明村北侧掌鸠河西岸的石崖上，是世界上最古老的金石彝文之一，也是禄劝至今发现的彝文摩崖中篇幅最长、字数最多、保留最完整的彝文石刻，全文563字，不同的单字245个。碑文记述了罗婺部（凤氏）14代世袭土官父系谱牒和350余年间的兴盛史，内容涉及各个时期政治、经济、军事、宗教、文化等诸多方面。它与贵州省大方县的《千岁衢碑》同为中国现存最古老的彝文石刻，比《千岁衢碑》早30多年，是研究区域性政治经济和社会文化、彝族发展历史、彝族语言文字变迁、彝文书法、石刻艺术等方面的珍稀文献。经禄劝古籍办彝语专家多年翻译整理，1990年，《镌字岩彝文摩崖释译》一书出版发

行。此书是禄劝彝族文化研究的重要成果之一。

除彝文碑外，镌字岩还有多方汉文石刻，内容均为凤氏谱系及其历代战功。汉文摩崖中，以《凤公世系序》和《武定军民府土官知府凤世袭角色》最为有名。第一方《凤公世系序》由禄劝知州徐进于明嘉靖十二年（1533 年）题拟，详细记载了自南宋孝宗淳熙年间罗婺部酋长阿而被大理段氏封罗婺部长始，至明嘉靖十一年（1532 年）罗婺部十四代共十七世土官的主要事迹和重大历史事件。第二方为凤英自题《武定军民府土官知府凤世袭角色》，详细叙述凤英曾祖母商胜于洪武十五年（1382 年）归顺明朝以后，至凤英共一百三十多年间，历代土知府受命袭位，赴京朝觐、进贡、受封、受赏等情况，以及凤英一生的主要政治军事活动。

以前一直不明白，凤英为何要把家世功名刻到一个如此危险的断崖之上，又为何如此隐蔽。当读过《凤氏本末》，身临其境，才发现，凤英当年的用心，并非低调隐匿显赫家世，而恰恰相反，这里才是凤氏功名最好的展示舞台。

1928 年出版发行的民国《禄劝县志》对镌字岩有过如下描述：“岩势巉峭，如巨灵掌开，如神鳌啮断；绝岸万丈，壁立𦪙駭，其骇

镌字岩彝文摩崖

人也。岩陎沕谚，半覆于河，其势欲倾，下临掌鸠河。昔凤氏专士，叙其家世官爵摩崖数方，大书深刻……”

禄劝镌字岩地处掌鸠河自茂山流向县城的一处峡谷地段，东西两山对峙，镌字岩就在峡谷最窄之处。在漫长的历史岁月里，这个险要的关口，一直是人马客商往来的必经之地，也是昆明经禄劝通往四川的要道。古道经过悬崖脚下的掌鸠河西岸，石刻高悬崖壁，来往行人对其可望而不可即。

五百年前的镌字岩，除了怪石巉岩，奇险陡绝外，亦是风景绝佳之处，号称“武溪胜景”。“武溪”当为摩崖北侧的溪流，源自蕉山，自西向东从山顶一路奔腾而下，直到镌字岩汇入掌鸠河。溪水源自山岩，流经的地方林木葱郁，山势陡峭，不时在山间崖壁形成飞花溅玉之景。

镌字岩的峭壁奇峰，掌鸠河的幽深峡谷，源自蕉山的清溪泉流，构成了当年风景如画的“武溪胜景”。

悬崖峭壁，如画风景，又是交通要冲，马帮客商往来如织，闲客骚人登临赋诗，再也没有比这更适合勒石铭功，一展豪门家世的地方了。

五百年前的掌鸠河，想必是一条水量充足又清澈平缓的河流，河上舟楫往来，人们撒网打鱼，走亲串戚，旅游出行。大河两岸，杨柳依依，田畴万顷，风光无限。凤氏的土官在策马出征，报效国家之余，也会轻驶小舟，巡视家园，与民同乐。

曾经见过一帧照片，是文化馆张瑜老师几十年前拍摄的镌字岩附近的掌鸠河风光。一幅初春的影像，镌字岩以下掌鸠河沿岸风光尽收眼底，河水清澈湛蓝，大片金黄色的油菜花从禄撒路以下，一层又一层，缓缓铺展至掌鸠河岸边。初春的清晨，阳光洒在河面上，有轻雾从蓝色的水面缓缓升起。透过白纱一样的薄雾，我仿佛看见五百年前从寻甸竹子箐梁王山策马归来的那个英俊威武的彝家男子，拴好战马，卸下盔甲战袍，偕宾客亲朋，工匠文人，左右随从，轻摇舟楫，说笑间，穿透轻雾，向镌字岩徐徐驶来。

掌鸠河镌字岩附近风光

此番驶向镌字岩的，正是罗婺部凤氏自南宋阿而幸邱山封侯以来360年间最具文治武功的土官知府凤阿英。

自大理国封阿而为罗婺部长始，凤氏历代相袭，英才辈出，传至阿英，已历十七任。阿英是罗婺历史上第十七任土官，任内，深得朝廷器重，蒙明王朝皇帝朱祐樘赐汉姓称凤，罗婺始有汉姓。

在罗婺部历史上，凤英是最富传奇色彩的人物。凤氏先人中，若以人品、经营、文治武功而论，当数凤英为最。就人品而言，凤英一生正己爱民，勤于政务，又知人善任，麾下众人乐为用命。以经营之道而言，凤英在任之际，开辟田野，兴修水利，教民稼穑，推动了治下经济社会不断向前发展，凤氏家族之强盛，凤英功勋卓著。以文章礼数而论，凤英袭任武定知府职后，以礼正家，一经教子，在彝族地区办起了学校，让人们学习汉族经书礼仪。一时之间，汉儒文章、中原礼仪进入罗婺地区，汉族的儒家文化得以在彝族地区广为传播。若以武功而论，凤英历练武勇，弓马娴习，反对割据，维护中央王朝大一统，一生为朝廷东征西战，功高德望，深得朝廷宠幸，屡封战功。弘治十三年（1500 年）奉命征竹子箐梁王山，平息了寻甸土司的反叛。明孝宗朱祐樘闻报大喜，提升凤英亚中大夫，为从三品大员。十五年（1502 年）又奉命征讨贵州普安叛乱的土司，得胜归来后，授云南布政司右参政。正德二年（1507 年）征师宗豆温乡，平息土司阿本之乱，为朝廷立下赫赫战功，赐精忠报国金带。

凤英自梁王山凯旋，偕府中宾佐泛舟禄劝掌鸠河，青山绿水间欢歌豪饮为庆，并在府治北三十里的悬崖峭壁间，各以汉、彝两语勒功石壁，把罗婺凤氏自阿而以来至凤英三百多年的豪门风云，尽书其上，镌字岩之名由此而来。凤英这一不经意的举动，在掌鸠河畔的悬崖峭壁间留下了中国现存最古老的彝文石刻，不仅为禄劝人民留下了宝贵的精神财富，还为当今研究云南地方史和彝族文化保存了最为珍贵的史料。

武溪胜景

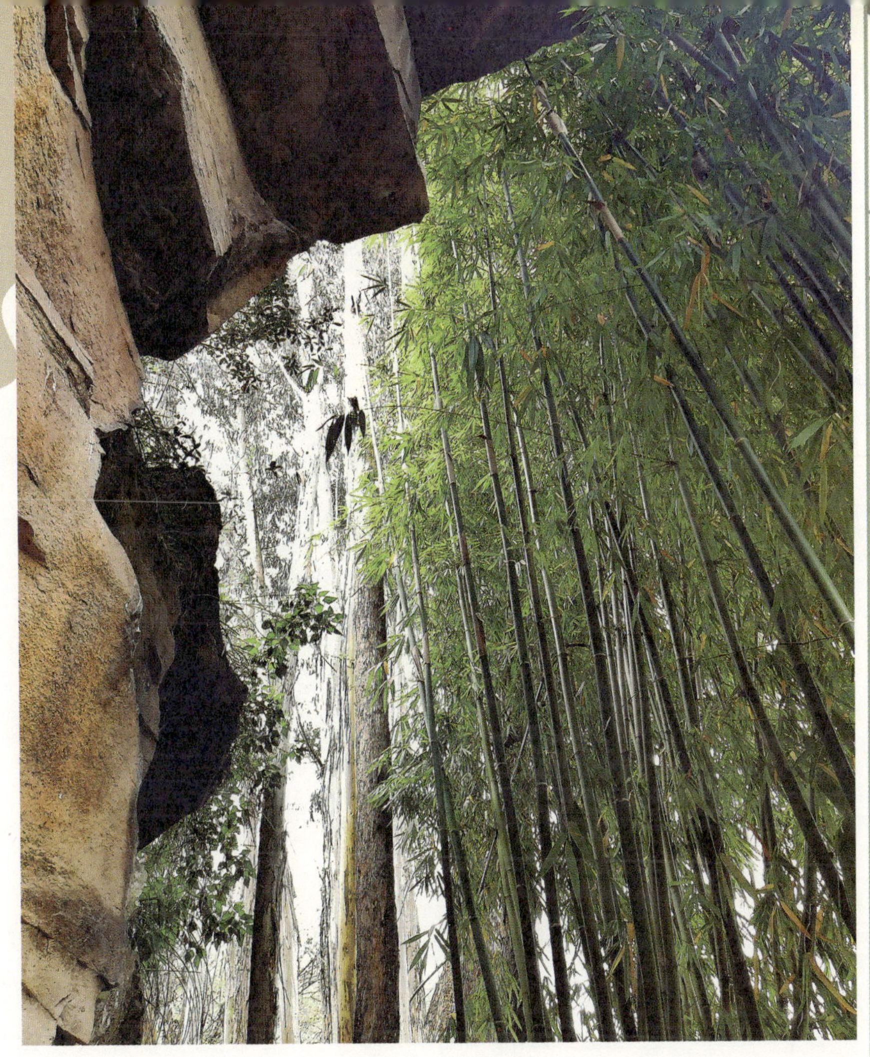

镌字岩风光

这些石刻，是云南境内石刻文化的精品杰作，1983 年被云南省人民政府公布为重点文物保护单位。

如今，由于上游云龙水库的修建，掌鸠河水已无力载舟，镌字岩附近几欲断流。可是新修建的禄劝到金沙江大型水电站的二级公路从摩崖对岸走过，从县城乘车仅需十分钟便可抵达摩崖。旱季的时候，水清而浅，大小河石露出水面，可以蹚水过河，直抵摩崖。

从前的青山依旧，五百年的摩崖依旧。有人在镌字岩附近开辟了新农庄，仿古的建筑，庄严的城墙，清澈的河流。杨柳岸边，可以钓鱼、静坐、沉思。此时的镌字岩，又是另一番“武溪胜景”。

邂逅一座石头山

幸邱山顶人苍冥，回首群峰一发青。
四面悬崖如壁立，八百年前凤家营。
后营翅首望前营，此地犹闻叱咤声。
栈道云梯罗婺寨，风风雨雨总关情。

——岑剑文《登禄劝幸邱山访罗婺大寨遗迹》

描写幸邱山的诗文很多，唯有岑剑文这首《登禄劝幸邱山访罗婺大寨遗迹》，让人看到幸邱山的苍莽雄浑。读着诗句，回望蛮荒岁月的风雨尘烟，仿佛呼吸到罗婺先人在这片茫茫原野上辗转迁徙、徒步跋涉、繁衍生息的艰难气息，仿佛触摸到他们在幸邱山开疆拓土、建设家园、创造文明的沧桑历史。幸邱山上的一幕幕部落往事，罗婺大寨的一个个英雄传奇，仿佛穿越800年的岁月时空，沿着云梯栈道，顺着松涛风韵，一路向我走来。

幸邱山，又名火期山，彝语名“哄期罗尼本”，意为有坚硬石头的大山。它位于禄劝中部云龙乡境，为红砂岩丹霞地貌，整片山域由红色巨石堆积而成，处处奇峰突立。

明天启《滇志·地理》对此山曾有过如下描述：“禄劝州，故易笼城，东北曰幸邱山，四面陡绝，顶有三峰，可容万家，昔为罗婺寨，有天生城，牢不可破。”又民国《禄劝县志·地舆志》称：“幸邱山，四面陡绝，中平，衍为寨，寨旁为玉带峰，峰腰亘白，宛如玉带，有石室光明洁净，古木挡门，上有龙泉自树梢落如疏雨，雨滴石磴，孔深寸余。瀑布飞流，垂绅曳带。登绝顶，峰峦峻

秀，高插云霄，遥望滇池，如在趾下。”

从这些史籍描述中可以看出，幸邱山不仅是奇峰险峻、易守难攻之军事要地，还是风光旖旎、视野开阔的宜居之所，难怪罗婺祖先要选择它作为栖身之所。

据《西南彝志》《六祖史诗》等彝文典籍记载，彝族父系祖先笃慕为避洪水之患，率其族居于乌蒙山“乐尼白”。洪水过后，笃慕后代武、乍、糯、恒、布、默六子在“乐尼白”举行盛大的祭祖典礼仪式后，每两支组成一个联盟，向外拓土开疆，分别迁至滇、蜀、黔等地，史称“六祖分支”。其中一支来到禄劝幸邱山繁衍生息，发展成为唐宋时期的罗婺部。

民国《禄劝县志·沿革》记载，禄劝于天宝九年（750 年），没于南诏，“时蒙氏并六诏为一统，称南诏。天宝十一年（752 年），又在迤东迤西立三十七蛮部，禄劝占三部焉，所谓罗婺部、掌鸠法块部、洪农碌券部是也。兴元元年（784 年），南诏异牟寻僭封禄劝境内之绛云露山为东岳，并封境内金沙江为北渎。故当日境内兼擅岳、渎之封，亦居然雄镇也。至宋淳熙间，段氏使乌蛮阿历治纳夷昵共龙城于共甸，又筑易龙城。”

据此可知，早在南诏时，东方三十七部就已经存在，“罗婺部”即是其中之一。至宋末，即大理段氏使阿而建易龙城前后，居于幸邱山的罗婺部势力已遍及武定、禄劝、罗茨等地，号称“雄冠三十七部”，并下山筑易龙城。

若干年前，有幸结识一群户外登山爱好者，首次邂逅并登临幸邱山，对史籍中所描绘的景象，有了身临其境的感受。

丹霞石峰

多年来从事地方志工作，对于幸邱山，其实心里是藏着一张图的。虽然是第一次邂逅，但已觉是朋友。

正值夏季，从山脚的环湖路起步，钻过一片密林后，顺着一条长满青草的山间峡谷攀爬前行，峡谷有小溪自山间流出，小溪两侧的青草丛中，一路布满大大小小的石块，有人工垒叠的痕迹。石头表面光滑，毫无疑问这是一条古驿道，想必是当年罗婺部出山的通道，只可惜很多路段被草丛隐没。顺着溪水石道，大约一个小时后爬到一个山垭口，一群人在山垭口处做短时修整。山垭口的右前方，有大片的开阔地，长满夏天的植物，大多为蕨类。这片平整的开阔地，与民国《禄劝县志·地舆志》“中平、衍为寨，可容万家”的描述颇为相似，当为罗婺寨后营，只是当年万家灯火的情景已不复存在。罗婺部族的千年往事，像轻烟一样消散在猎猎作响的大风中。

置身后营，只见悬崖峭壁，呈一夫当关、万夫莫开之势，唯有

寥寥几条小径通向山顶。在后营修整片刻，往右前行，斜上大约 500 米后，到达一巨大石壁之下。石壁底部凹进，腰间凸出，形成巨大的天然石房，可容百人左右。因是雨季，有水自壁顶流下，又被半崖间伸展出来的树木枝叶遮挡，便淅淅沥沥落成珠帘挂于壁前。飞花溅玉间，正应了古人那段描述："有石室光明洁净，古木挡门，上有龙泉自树梢落如疏雨。"经过石室再往前缓缓攀升，两三百米后，到达一处较之前更为巨大的石壁前。这是一块从前营山顶直插山下的巨大石峰，腰间略有凹进，有很窄的仅够容一足的小径可以通过，无任何依附和攀缘之物，危险恐怖不可言说。因幸邱山为红砂岩丹霞地貌，悬崖都由整座红色的巨石构成，一座又一座的巨石连成一片又一片的山峰。眼前这座巨石由前营峰顶直插山脚，红色的巨大石峰拦腰出现一道闪耀的白。这座石峰，想必便是古书上描写的"峰腰亘白，宛如玉带"的玉带峰了。玉带之下略微凹进，小径便从玉带边缘经过。这条玉带，玉带边上的小径，会不会是当年罗婺先祖长年奔突往来留下的痕迹？玉带之上，还有许多山峰。过了玉带，真正的登山才算开始。从玉带至山顶，要经过几座寸草不生，形如巨蛋的石峰才能登上山顶。

❶ 幸邱山丹霞石

❷ 幸邱山下的云龙湖

❶丹霞奇石——石头房子

❷丹霞奇石——天生桥

在世纪工程——掌鸠河引水济昆工程——落地禄劝云龙乡之前，幸邱山由于它所蕴含的深厚历史文化背景和独特的丹霞奇峰地貌，被认为是境内除轿子山以外，最具旅游开发价值的地方。因此，对其有了初步的规划和简单的修整。在一些危险陡峭的石峰上凿出孔洞，用钢管安装了简易的扶栏。上山，可以攀扶铁栏，减少危险。在一个个形如鹅卵的巨大石峰顶部周围，也嵌进了同样的钢管围栏。即便如此，自前营攀登，亦是步步惊心。

千百年前，罗婺部看重的正是幸邱山的天生之险，充分利用天时地利，养精蓄锐，静待来犯之敌。直到今天，在一些险要之地，仍然依稀可见当年堆放用于御敌的石块。罗婺部选择如此险要的地方安营扎寨，其他部落无法攻击他们，而他们却能轻而易举地兼并邻近部落，发展壮大实力，从而能够成为雄冠东方诸部的强大部落。

罗婺部作为三十七部中实力最强大的部落，在长期的发展过程中，完成了从游牧生活向定居农耕的艰难转变。宋淳熙年间易龙城的兴建，是罗婺部由“散居林谷”的游牧经济形态走向定居农耕的重要依据。这一时期，罗婺部从生活了几十代人的幸邱山来到山脚的平地，在温暖湿润的云龙坝子，建起了禄劝历史上第一座城池——易龙城。

如今登临幸邱山顶，昔日的罗婺大寨古木参天，放眼四周，由巨石连成的群山绵延起伏，云龙湖水清波荡漾。幸邱山下的村庄和人民，早已搬离故土家园，那座千年古城，已深深淹入云龙湖的碧波之下。幸邱山罗婺故园的山山水水，一草一木，留给后人的只有无尽的遐思和追念！

藏在深水里的那座城

如果不是因为一场城市水荒，不是为了拯救滇池之滨的百万居民，云龙，这座小小的古城，还将在时光的流年里，在静谧的大山深处，静静守候。

云龙水库

解读禄劝的历史进程，探寻禄劝的文化根源，罗婺部首领阿而在云龙创建的易龙城，是一个绕不开的话题。易龙城的创建是禄劝一个标志性的历史事件，它是禄劝历史上有资料可考的最早的城池，而创建者阿而则是有史记载的罗婺部第一任土官。

二十多年前，我去过一次云龙，不是去寻幽访古，只是去探望在那里工作的好友。那时，车马邮件都很慢，一封家书要寄很久，一段路程要走好久，想见一个朋友，要翻山越岭，蹚水过河，长途跋涉。好友供职于小镇邮局，工作清闲。大山里的小镇，时而安静，时而热闹，都是平凡的日常。

那时，我并不了解家乡的历史，不知道云龙有座幸邱山，不知道游走的小镇曾经是一座古城，也不知道几百年前曾从这里走出过一个豪门家族。多年后，我有幸从一名中学教师转岗从事地方志工作，方得接触地方史志资料，始得了解禄劝这方水土的前尘往事。在读清初禄劝知县檀萃的《农部琐录》时，“种人志”有关凤氏的记录，让我对罗婺凤氏及其有

水库淹没前三面临水的云龙古城

关的幸邱山、罗婺部、易龙古城有了最初的了解。

最早发端于幸邱山的罗婺部，在南宋淳熙年间，其首领阿而被大理段氏封赐为罗婺部长。长期扎根幸邱山顶的罗婺古寨，虽有天生之险，可被动防御毕竟不是长远之计。由于政治、军事、经济实力的不断增强，经营了数十代的幸邱山，已远远适应不了作为一个强大部族的政治中心，因此阿而把目光转向山下更为开阔平坦的地区。两水环流，气候温暖，进出便利的云龙坝子便成为罗婺部筑城的首选之地。

“易龙”一词最早由彝语转音而来。彝语谓水为“洟”、城为“笼”，罗婺部彝族先祖在两水交会处修建城池，因此谓之为“洟笼”，意为水围绕的城市，即“水城”，“易龙”为“洟笼”转音。清光绪三十四年（1908 年），境内彝族诗人鲁大宗改易龙为云龙，至今尚称云龙。

航拍云龙古城遗址

1985年，城建部门对古城进行过一次测量。当时的数据显示，易龙城有外城和内城，外城周长一百一十四丈（380米），当时只有城西面十多米长的一段城墙较为完整，其余经过数百年的风雨洗礼，已破败难辨，只隐隐有一些残迹。外护城河也只有东、西、南三面由两条河流天然形成的部分。这里河水流速缓慢，水面平静，这段古老的天然外护城河，可泛舟和游泳。春末盛夏的午后和傍晚，少年们会在水里游泳、嬉戏，古老的小镇，又焕发出青春的容颜。北面人工开凿的护城河，已沧海变桑田。内城和外城之间，有新修建的一条街，其余均变成了农田。内城是一座长六十三丈，宽四十五丈的长方形老城，城墙只模糊剩下四丈多厚的墙基。内城墙外侧人工开凿的内护城河，宽七丈五尺。当时，只保留西面部分作为鱼池，其余已改成田地。

从阿而受封罗婺部长创建易龙城，到第五代部长矣格被元朝授予万户侯，罗婺子孙世袭部长，已经历五代越百年历史。在这百年中，罗婺部平安祥和，易龙城安然宁静。可是到第五代部长矣格时，崛起于北方草原上的蒙古政权，于1252年展开对大理国的全面进攻。两年内，先后平定大理五城、八府、四郡及乌、白等蛮三十七部。罗婺部易龙城是较早被元军收服

的城池之一，部长矣格为较先归附的土长之一。

易龙城作为禄劝历史上第一个有资料可考的城池，对禄劝乃至武定的历史都有着举足轻重的作用，城市的创建者阿而，成为有名有姓载入禄劝史册的第一人。继阿而以后，崛起于幸邱山的罗婺子孙继承祖先的基业，在此后的岁月中不断发展壮大，并最终成为元明时期云南历史上叱咤风云的凤氏土官知府。

如果不是因为一场城市水荒，不是为了拯救滇池之滨的百万居民，云龙，这个小小的古城，还将在时光的流年里，在静谧的大山深处，静静守候，守候一脉青山、两条流水，守候万千罗婺子孙。

21 世纪初修建的掌鸠河引水供水工程，是昆明市区极度缺水催

生的世纪工程，是目前为止云南省最大的调水工程。库容 4.84 亿立方米的云龙水库，是掌鸠河引水供水工程的水源工程和骨干工程，覆盖了幸邱山下以易龙古城为中心的整个云龙坝子及周边几十公里范围内的山峦和丘陵。

2000 年，为了让昆明人民喝上干净卫生的山泉水，禄劝启动了历史上首次万人大移民，幸邱山下 11756 名罗婺子孙背井离乡告别了世世代代赖以生存的家园。而多年后，为了保护水源区的生态环境，让云龙水库的水长清、树长绿，让昆明人民放放心心喝云龙水，又有 7000 多名水库周边的人民被迁到县城安置。

2007 年 3 月 25 日，历时 8 年建成的掌鸠河引水供水工程正式向昆明主城区供水。云龙，这个禄劝最早的古城，在经历了 800 年的岁月时光后，彻底桑田变沧海。我们知道，罗婺的子孙知道，从这一刻起，这个古城温暖的旧时光，那些浸润着时光履痕的低矮的旧城墙，那些绕城而过的清澈河流，山峦田畦，都被时光的车轮碾碎，被云龙湖的万顷波涛淹没。

❶ 禄劝云龙水库全景

❷ 水库日出

建文帝与三台山凤家城

三台山，居万山之巅，芳草萋萋，云雾缥缈，意境神秘。凤氏兴盛时期，曾在山巅建筑城堡。隐居狮子山的建文帝为躲避朝廷追索，曾三次往来于三台山。凤氏为了保护建文帝，曾在此山修建龙隐庵，因此该山又称“龙三藏”。

凤家城，是后人对凤氏土官位于禄劝三台山一处城堡遗迹的称呼。

曾经从云龙幸邱山走出的罗婺凤氏土官，在禄劝留下了诸多遗迹，唯有位于三台山顶峰的凤家城，因其是凤氏最后的归宿，又毁于一场莫名大火，最让后世感叹追念。三台山还因其有建文帝三次往来其间的传说，蒙上了一层神秘的色彩。

最初对凤家城的了解，始于诗人梅绍农先生《凤家城怀古》一诗：

秋草芊芊起暮烟，凤家城在翠微巅。
土官盛极思商胜，寂寞荒山五百年。

诗中描述的凤家城，居万山之巅，芳草萋萋，云雾缥缈，意境神秘，可惜如此美丽的城堡，却最终付诸一场战火，空留寂寞荒山，遗恨人间。

诗中提到的商胜，是凤氏首任女土官，也是凤氏历史上最有作

为的土官之一。

凤氏自阿而为罗婺部长始至最后一任土官瞿氏，此期间经宋、元、明三朝20任，历时300余年。在这300多年的发展历程中，除势力不断壮大外，统治中心也不断迁徙变更。有确切记载的治所除早期易龙城外，还有禄劝南甸城、武定五凤山城，传说还在三台山脚下的克梯村建过城池。从所处位置推断，高居三台山顶峰的凤家城，并不是凤氏的政治中心，而是其鼎盛时期作为度假避暑的一座山庄，兼具练兵、退守、防备之功能。凤氏在元末明初安慈、弄积、商胜时，势力已兼制全滇。据

《武定府志》等相关史料记载，这一时期凤氏的统治中心在今天禄劝南甸村一带，而三台山位居南甸后背，为南甸府城的北部屏障。在山巅建一座坚固的防守城堡，以当时凤氏的实力，是有可能的，三台山凤家城堡最有可能是在这一时期着手建造的。还有一种民间说法，这座城堡的筑建初衷，是为了庇护南京出逃后来到云南武定狮子山避难的建文皇帝。如果传说真实，那么城堡当建于女土官萨周、商智在位时期的永乐年间。

据史书记载，曾经的三台山地势险峻，通达困难，从山脚上山的通道仅为羊肠一径，迂回曲折，与罗婺祖先所居的幸邱山一样，属易守难攻之地，外人轻易不能抵达，而通过艰难万险抵达山顶后，却呈现出意想不到的景致，山顶宽阔平坦，林茂草丰，可容千军万马，四周为峭壁悬崖，真正的易守难攻。这大约是凤氏选其作为军事要凭筑建城堡，继而作为庇护建文皇帝之所的最重要原因。

对于三台山，除了凤氏往事，人们最好奇的，恐怕就是“龙三藏”这个名了。

大凡“龙”字，多少都跟皇帝有点关系。

1398 年，明帝朱元璋驾崩。翌年，其孙朱允炆登基，年号建文。太祖刚刚去世，其四子燕王朱棣就高举一面谓之“靖难”的大旗，造了侄子建文帝的反。1402 年，朱棣攻陷都城，“靖难”成功，江山易主，南京宫中起火，建文帝不知所终，中国历史上最大的一桩迷案就此产生。

民国《禄劝县志·艺文志》记载：“三台山者，一曰龙三藏，因明让帝曾藏于此，固以为名，在县北五十里克梯村，山如台形，凡三层，故曰三台。”文中的“让帝”即明建文皇帝，因为“靖难之役”而失帝位，且随之下落不明。

关于建文帝遇难后的下落，史家众说纷纭。除了宫中起火建文帝葬身火海一说，流传最为广泛的是其从暗道逃出后，辗转来到云南，得到黔国公沐晟及武定凤氏之庇护，长期隐居武定狮子山正续寺一说。

❶ 建文帝诗

❷ 三台山

六百多年前的这场宫廷政变，使禄劝三台山不经意间与“龙”字有了缘分，因为一个落难皇帝的三进三出而更加神秘莫测。

传说，建文帝在燕王朱棣打进南京时，在皇宫的大火中留下迷惑朱棣的不辨面目的尸骸，带着杨应能、叶希贤等随身大臣从地下通道出去后逃到云南，投奔朱元璋的大将沐英的后人。明初镇守云南的沐英是明太祖朱元璋的养子，与建文帝的父亲懿文太子情同手足。因为商胜是云南土官中率先归顺沐英的，所以凤氏深得沐英及其子孙的信任。虽然建文帝逃到云南时沐英已故世，但他的儿子沐春、沐晟“既不挟之以开衅，亦不卖之以邀宠”，谨慎庇护，把建文帝送到了与其交好的武定土官凤氏所。而凤氏也不负所托，冒着杀头灭族的大罪，在狮子山为建文帝修建了庙宇。

武定狮子山正续禅寺，今天还保留有大量关于建文帝在此避难修行的遗迹。藏经楼内有建文帝及其随行大臣杨应能、叶希贤的塑像，楼前有颂扬建文帝的长联。其中一联云：“僧为帝帝亦为僧数十年衣钵相传正觉依然皇觉旧，叔负侄侄不负叔八千里芒鞋徒步狮山更比燕山高。”联内所说的皇觉寺，指朱元璋早年为僧之所；“叔负侄”指朱棣篡夺了侄儿的帝位。显然，作此联的古人坚信朱允炆曾在此为僧，并寄予同情。联中“衣钵相传”语，概括了祖父朱元璋由僧为帝，孙子朱允炆由帝为僧的沧桑巨变。寺中大雄宝殿前两棵粗壮高大的孔雀杉，传说是建文亲手所植。寺庙藏经楼下

狮子山长联

的一块石碑上，刻有建文帝的亲笔诗：

> 牢落西南四十秋，潇潇白发已盈头。
> 乾坤有恨家何在，江汉无情水自流。
> 长乐宫中云气散，朝阳阁下雨声收。
> 新蒲细柳年年绿，野老吞声哭未休。

辛酸凄楚的诗句，道尽了一位逊国君主痛失家国、削发为僧苟且偷生的凄惨人生。

隐居狮子山的建文帝为躲避朝廷追索，曾三次往来于禄劝三台山。凤氏为了保护建文帝，曾在此山修建龙隐庵，因此该山又称“龙三藏”。

凤氏土官不惜牺牲家族利益和个人性命以保护建文帝的传说，地方史志也多有记载。

清初禄劝知县檀萃根据民间调查，在其《三台山记》一文里，如此描写建文帝三进三出三台山的故事：“三台山者，一曰龙三藏，因明让帝曾藏于此，固以为名，在县北五十里克梯村，山如台形，凡三层，故曰三台。……其名龙三藏者，土人相传，大师遁滇时，依西平侯，因匿帝于武定土酋凤氏所，凤氏居帝于此山。已而，去滇入蜀，历吴、楚间，复由蜀入滇，结庵此山，居年余，复去，已仍远此山，旋避侦者，他去。师，三来此山，故云龙三藏……”

如果沐氏、凤氏庇护建文帝是事实，那么建文帝三进三出三台山，多年来往于狮子山和凤家城便是情理中的事。

多年前我曾去探访过一次三台山。

那时，上山的羊肠小径已被密林覆盖，简易公路通至三台山半山腰的密达拉傈僳族村垭口。向垭口北侧步行，走过一段平整的泥土路，便有石头铺就的古驿道，被岁月磨砺过的古道，在初春的晨曦里，泛着柔柔的光。拾级而

❶ 三台山石大人

❷ 三台山高浮雕摩崖石刻雕像局部

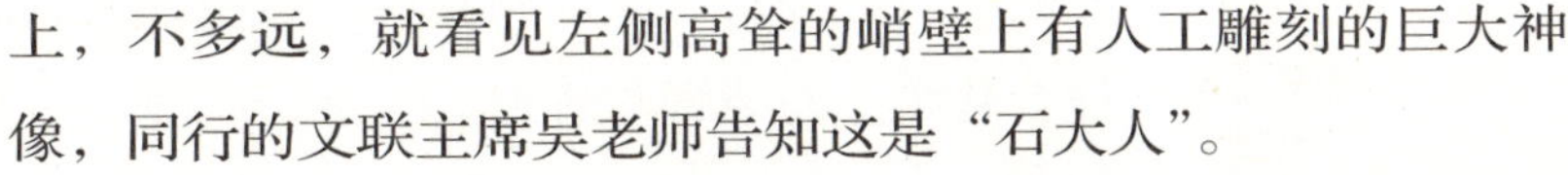

上，不多远，就看见左侧高耸的峭壁上有人工雕刻的巨大神像，同行的文联主席吴老师告知这是“石大人”。

“石大人”是密达拉傈僳族人世世代代对三台山古老摩崖佛像的称呼。

这两座石刻浮雕，多年前在史料上见过图片，如今置身石像脚下，170 厘米的身高顿成蝼蚁。浮雕造像高居崖壁，表面隐约可见粉彩，大约是年深日久剥落后剩余的部分。摩崖西侧为“大圣摩诃迦罗大黑天神”，像高近 5 米，身躯威武，方面阔脸，浓眉怒目；东侧为“大圣北方多闻天王”，像高约 3 米，双目圆睁斜上，高鼻阔嘴，宝冠戎装。东侧造像的脚边还有一个很小的头像，为未完工的第三尊造像。三台山佛像摩崖为唐时所建，雕刻精美，历经千年风雨，至今依然完好无损，并成为省级重点保护文物。

离开石大人，顺着斜坡爬过一个山梁，走过一片茂密的华山松林，终于登上三台山最高峰，凤家城就在眼前了。如今再见古城堡，残砖碎瓦散落于萋萋芳草中，一些仍然完好的条石上刻有精致的浮雕花纹，西面、北面的城墙至今尚存，用大块

的条石垒砌而成。古老的城墙上已长出高大的树木，山风过处，招展如旗。三台山及其古建筑，承载的是一段凤氏兴衰的史话，那些厚重的城墙，散落在林间草丛里的残砖碎瓦，宽阔的练兵场，举目便能同时把禄劝、武定两县城尽收眼底的制高位置，无不见证着曾经罗婺凤氏的荣耀与辉煌。

凤氏自宋淳祐十二年（1252 年）矣格升北路土官总管，至嘉靖十一年（1532 年）瞿氏袭任最后一任土官。280 年间，一直忠于中央王朝，与元、明中央王朝始终保持密切关系，中央王朝屡封凤氏官爵名号，凤氏朝觐不绝，贡使往来不断。

这种友好关系在女土官商胜时达到全新的高度。商胜之后，其子孙继续与中央王朝保持密切来往，到其曾孙凤英时，家族势力与中央的关系发展到顶峰。1511 年，凤英病逝，其子凤朝明袭土官职后，势力开始衰退；其孙凤昭时，凤氏发生了历史上第一次反抗朝廷的战争。明隆庆年间，中央王朝在云南“改土归流”的大幕已然拉开，凤氏是较早遭到冲击的土官之一。由于凤氏的屡屡抗争，灭顶之灾已不可逆转，历经宋、元、明三朝，古老而显赫的政治家族，最终被“改土归流”的狂野战车碾碎在明末的战火烽烟里。

武定地区土官统治的解体和流官制度的建立，是在凤氏土官的强烈反抗中进行的。从明嘉靖七年（1528 年）到明末清初，凤氏较大规模抵制“改土归流”的反抗就达七次之多。每次反抗都

❶ 凤家城残墙

❷ 散落在荒草中的凤家城残砖碎石

引起了大规模的战争。三台山凤家城是历次战乱中凤氏和族人最后退守的据点，却不幸毁于天启年间的第五次土官反抗。

发生在嘉靖四十四年（1565 年）的凤继祖之乱，直接招致中央王朝对武定地区的“改土归流”，终结了凤氏在禄劝、武定地区 300 多年的统治。朝廷诛杀凤继祖之后，于隆庆元年（1567 年）在武定改土设流，凤氏土知府降为土经历，官阶由三品直降为八品。至此，凤氏退居三台山凤家城。之后，凤氏族人不甘失去统治地位，又先后五次发动叛乱，属民不堪流官压榨，一呼百应，禄劝、武定战祸不断。

最终导致三台山失火凤氏灭绝的战争是天启二年（1622 年）的凤阿歹之反，也是凤氏历史上第五次反抗流官统治的战争。

高踞云端的三台山凤家城堡，在此次反抗中被点燃。火光中，无数的生命陨落，凤氏十几代人的苦心经营，在大火中化为灰烬，几百年的繁华荣耀，随大火融进黑暗。从此，禄劝、武定的历史舞台上，再也见不到凤氏的身影，曾经叱咤风云的政治家族，被历史的狂野战车彻底碾碎。

清风过处，松涛袭来，徘徊在残垣断壁间的我，一直在想，那些纵马驰骋在幸邱山的罗婺先祖，看着凤氏子孙一个个殒落在三台山凤家城的火光中，当是怎样的无奈、悲伤！

余烟中的三台山，树木不语，荒草不语，残墙静立，似乎只有木鱼敲打的声音在耳畔回响，建文帝满含悲悯的眼光里，只剩冷月清辉，一地苍凉。

❶ 凤家城厚重的城墙残迹

❷ 通往凤家城的古道

余音来了杏花村

东川区
禄劝县
寻甸县

村中青瓦土墙，家家户户的房前屋后，院里墙外，都种着古老的杏树。三月里，杏花烟雨，打湿了小小的村庄。村前是大片的梯地，地埂上，也是一株一株的老杏树。花开时节，麦苗青青，托着满天飞舞的粉，古老的村庄，又焕发出绚丽的美。

三台山这把毁天灭地的大火，不但摧毁了凤氏残存的根基，也断绝了凤氏传承的血脉。年轻的凤氏少主凤阿歹还没有留下后代，就惨死在凤家城的烈火青烟中。来自东川禄氏土司的末代夫人奢卓，忍着悲伤，埋葬了年轻的夫君，带着侥幸活下来的奴仆随从，逃往大山深处的撒甸地区。

400 年前的撒永山，想必是一片密林覆盖下的无人区。

鸟语花香，清溪浅唱，远离统治中心的大山密林，收留了悲伤无助的凤氏少夫人。

为纪念死去的夫君以及一去不回的凤氏辉煌，年轻的夫人，改了娘家带来的姓氏，称禄为凤。从此，凤奢卓这个名字，在撒甸的广大彝区，又开启了一个新时代，那就是以撒营盘旧城常氏为中心的“常土司”时代。

逃命来到撒永山的奢卓，躲身密林，带着随从奴仆和凤氏残存的力量，开荒拓土，重建家园。在今天的撒永山大村，依然完整地保留着曾经修建的一个大水井。水井周围是高大古老的滇朴，井水清澈凉爽，三开门的石砌水井，古朴中透着沧桑。侥幸逃过一死的奢卓，凭着聪明才智和辛苦经营，生活慢慢安定下来。在撒永山，她遇到了一生的真命君子，一个来自江外（四川）的年轻男子，一个愿意用生命去换取妻儿安宁生活的男人。这个名叫鲁鸡的男人，虽然没有显赫的家世，甚至，我们都不确定他真正来自哪里。可是，那又怎样呢，历史知道他是一个勇敢的丈夫，是一个温柔的父亲，是一个宁愿付出生命也要保全妻儿的好男人，这就足够了。入赘到撒永山的鲁鸡，对妻子言听计从，奢卓想让女儿姓凤，以传承凤氏血脉，他同意了。因此才有了跟凤氏没有血缘关系，却有姓氏裔承的凤阿爱。

豪门出身，又懂得经营管理和控制人心的凤奢卓，继承了凤氏在禄劝地区的政治影响和经济利益后，短短三十年间就把新的家庭经营成为禄劝中部、北部地区最强大的家族，且具备了与地方政权抗争的实力。清康熙初年，凤奢卓抗税拒捕，携夫鲁鸡逃回东川娘家，在官府追捕索要战争一触即发的关头，鲁鸡只身赴死救妻性命。

风波平息后，奢卓带着阿爱从东川娘家再次回到撒永山。

长大后的凤阿爱远嫁贵州普安龙天祐。奢卓死，阿爱奔丧回家，不肯再回贵州，后来招马龙夷酋常应运为夫，生子如松，乃姓凤。未过三年，阿爱死，常应运从阿爱的外婆家补娶了禄氏新妻，生子守嗣，恢复常姓。至此，罗婺历史上再无凤氏，常氏以土司自居，势力遍及撒甸及其周边广大地区。

常应运在经营扩展家族势力的过程中，与地方政权和周边土司不断发生激烈摩擦乃至残酷战争，在撒营盘地区的生存较之奢卓更为不易。由于在追逐财富利益和与武定慕连那氏土司的武装冲突中，损害了官方利益，又殃及无辜，多次遭到官府驱逐。康熙末年，官府曾两次派兵围剿驱逐常应运。禄劝知州李挺宰曾两度亲赴撒甸，亲自指挥，对常氏展开猛烈围攻，并最终于康熙五十八年（1719 年）正月驱逐成功，逃亡四川的常氏夫妇在官兵的激烈追捕之下走投无路双双服毒自尽，长子凤如松被官方擒获作为人质送往京师。随着常应运夫妇的死亡，第一代常氏土司在撒甸地区的统治烟消云散。

但是，常应运的死，并不表示土司统治在撒甸地区就此终结。因为，他的小儿子常守嗣意外活下来了。

常守嗣年少时跟随父母东奔西突，四处逃亡，在父母双亡后，所幸被仆人救下，并就此成长为撒营盘地区势力强大的“常氏土司”。

年少时吃尽苦头的常守嗣，长大成人后，对时局有着清醒的警惕和明确的判断。雍正五年（1727 年）参与官府镇压其亲舅舅“法嘎王”禄天祐的战争，直接促成其在撒甸地区生存的合法化和常氏家族的复兴。

常守嗣利用了一场重大的政治动荡和军事动乱，不惜对亲舅舅痛下杀手。在平定禄氏叛乱后，还自散家财为官兵修建营署，让常氏家族最终取得了在撒营盘地区的合法永久性居住权，并逐步确立了在这一地区的统治地位。此后，常氏虽无土司之名，却行土司之

职，开启了民间历史上“常土司”之时代。

自守嗣家族取得官府承认后，常氏居所便由撒永山迁至撒老乌旧城村。

旧城村坐落在常家老林的半山腰，背依山林，面向撒甸坝子，视野开阔，居高临下，与罗婺大寨幸邱山、凤家古城三台山以及凤奢卓的撒永山一样，均是易守难攻之地。

1988 年，我是禄劝二中的末届学生。这所源自基督教神学院的学校，已有百年历史。由神学院改建而来的禄劝二中就坐落在常家山林里，与西侧常氏土司所居住的旧城村，仅有一片树林之隔。一条常年清澈的溪水，自山箐东侧流出，一路流经学校。常听人说，这条溪水，曾经是常氏小姐们沐浴嬉戏的地方。学校的西侧，隔着常家老林的一片松树林，就是常氏的居所旧城村。有小径通往村庄，上学的时候，我会到树林里读书，不经意间，就会走到村子里。30 年前的旧城村，有古木环绕，村中青瓦土墙，居住的都是普通人家，家家户户的房前屋后，院里墙外，都种着古老的杏树。三月里，杏花烟雨，打湿了小小的村庄。村前是大片的梯地，地埂上，也是一株一株的老杏树，花开时节，麦苗青青，托着满天飞舞的粉，古老的村庄，又焕发出绚丽的美。青春年少的我们，因喜欢隔壁村庄春天里那一抹飞舞的粉，于是称其为杏花村，因常土司旧居而得名的旧城，反而被淡淡忘记。

2017 年 1 月，我参加昆明市文联组织的摄影家为老百姓拍全家福活动，走进了旧城村，再次回到阔别近 30 年的禄劝二中，再次遇见梦中的杏花村。

1918 年，通晓英文、汉语、彝文、苗语的英籍澳大利亚传教士张尔昌夫妇在撒营盘撒老乌常家山林建盖教堂，传授基督教并在教堂里相继开办初级、高级小学文化教育班。1947 年 2 月，西南神学院在此成立，设神学部、初中部和小学部，教授《圣经》和文化教育课。1958 年 10 月，人民政府利用

❶ 常氏老屋（局部）
❷ 常氏老屋（后墙）

教会资源在此开办禄劝县第二中学，直到 1988 年迁建至尚德大坝子，这个以常家山林为据点的禄劝中西部教育中心一直持续了 70 年之久。

当年的校园隐匿在常家山林的绿荫里，房屋随意散落在山腰的坡地上，曾经教会使用过的屋子被改造为师生宿舍，只有两间教学楼是新建的砖瓦房，学校昌盛时期容纳过 6 个班级 300 多名师生。如今再见母校，已物是人非。球场边那些高大的白杨已失去踪影，当年雀跃的少年已不复存在，秉烛夜读的教室夷为平地，而琅琅的书声犹在耳旁响起。唯有那间栖息的宿舍，穿越百年的岁月时光，仍然完好无损，只是少年的欢声笑语，早已被庄严的圣歌代替。老师们曾经居住的小院焕然一新了，只是大门头上高高悬挂的十字架似乎说明一切：来自上帝的，终将归于上帝。从百里之遥跋山涉水而来的我，不是归

居住在老屋里的老人

人，只是过客。常家的小姐们已星散天涯，曾经清亮欢快的小溪，由于气候、人为等原因已难觅踪影，承载过青春年华里悲欢忧乐的禄劝二中，已然消散在历史的风烟里。

旧城村常氏的百年老屋，被西式的小洋楼层层包围，前院的房屋依然完好无损，厚重的石墙，古旧的院落，写满历史的沧桑。雕花的门窗、基石、柱子、屋檐，在深冬午后的暖阳里，静立成一个神话。所幸的是老屋还有两户人家居住，院子拾掇得干干净净。虽然没有前主人那样的大富大贵，但一家老小有吃有穿，生活安定。后院稍显残破，同样住着两户人家，境遇与前院迥然不同，两家的男主人都英年早逝。住在正屋的人家，拆了常氏老屋又重建新房，不但男主人早逝，在几年前的一次车祸中又失去了唯一的儿子，现在只有婆婆、媳妇和小孙子居住于此。左边古旧的厢房里，也住着一户人家，只有一个老太太，老伴儿几年前去世了，女儿远嫁他乡，听说她唯一的儿子还未成婚就死于小混混之间的斗殴。右边的厢房已无人居住，虽未倒塌，却已残破。

几百年过去了，这些屋子的主人换了一代又一代，从凤氏到常姓，从土司到平民，再到今天的寻常百姓，曾经的辉煌已成过往烟云。

从天真烂漫的姑娘到威仪四方的土司，奢卓和阿爱拥有的荣耀已然破败，守着它的，只有这些孤独的老人。

村中那些古老的杏树已所剩无几，只有村后的一片大黄栎树依然遮天蔽日，粗壮的树干因百年风霜的侵蚀，已然千沟万壑，布满岁月的沧桑，仿佛在静静地诉说。诉说凤氏和常氏的风云往事，诉说烟雨三月的杏花村曾经有过的粉妆玉琢的美。

一湾白水抱城晓

禄劝小城，依秀屏，临鸠水。八景之中，县城有二，一是“秀屏排闼”，二是“鸠水洄澜”。古时，登高远望，屏山坝子中的掌鸠河波光潋滟，杨柳依依，渡船往来，渔舟轻荡。县城脚下，两水交汇，合抱回环，风光旖旎，是为“鸠水洄澜”。

禄劝小城，临水而居。

东有掌鸠河，西临南坛河。

掌鸠河是一条古老的河流，源自境内北部马鹿塘山区，从北至南贯穿大半个禄劝。千百年来，匍匐在这片古老的土地上，哺育苍生，滋养万物。彝山苗岭的一草一木，芸芸众生，受她恩波惠泽，与她血脉相连。临到小城，她揉碎一路波涛，收敛狂野不拘，在田畴阡陌间缓缓穿行，成为一道妙曼的风景，成为小城天然的护城河。

她是禄劝的母亲河，是小城的守护神。

翻开历史这本厚重的大书，走进尘封的岁月，探寻母亲河的历史记忆，我们发现，早在千年前的唐风宋雨里，在掌鸠河两岸的青山绿水间，就有祖先留下的深深足迹。南诏时期的东爨乌蛮三十七部，其中有三部就分布在掌鸠河沿岸的山山水水间。南宋淳熙年间雄冠三十七部的罗婺部，在掌鸠河流经的云龙坝子临水筑城，以此筑就了几百年凤氏伟业的根基。从罗婺部长阿而筑就易龙城，至明隆庆元年（1567 年）“改土归流”，近 400 年间，无论曾经有过多

少次的辗转迁徙，不管经历过怎样的风霜雨雪，凤氏土官的治所一直未曾远离掌鸠河。

从古至今，禄劝人的生活，一直没有离开过这条河。

小城的一天，是从掌鸠河的绿荫里醒来的。当白塔山晨曦微露，当轻风拂过水面，当河水泛起微澜，早起的人们已行走在掌鸠河长堤的绿荫里。清晨最早走过绿荫的是挑担背篓的村民，接着是背书包上早学的孩子、抱着教本的老师、晨练的老人，最后一拨走过绿荫长堤的，是匆匆走向不同岗位的上班族。我的家离工作单位大约两公里路程，顺着掌鸠河的绿荫，我有半个小时的漫步时间。每天清晨，我会沿着一段人工筑成的滨河长堤，从蜗居的社区走向工作的地方。半个小时里，我有足够的时间整理心绪，观赏风景。很多时候，我会想起这条河、这段路曾经的样子，想象它更早的模样。

在小城生活 20 多年了，记忆里，掌鸠河是一条随意流淌的河流，自小城的北边，顺着狭长的谷地蜿蜒而来。河床很低，河的两岸布满古老的垂柳。冬春时节，河水清澈，是小孩

曾经的掌鸠河沿岸风光

❶ 掌鸠河上始建于清朝的六孔桥

❷ 未改造前的掌鸠河

玩水嬉戏的乐园。人们会在河里撒网捕鱼，那时的河里，还活跃着珍稀的细鳞鱼，河边的石缝里还躲藏着一种黑色的像蜈蚣一样的虫子，没有毒，可以捉来油炸着吃。但凡吃过的人，无不夸赞它的美味。如今细鳞鱼和黑虫子都不见了，一个物种的突然消失，总是有原因的。或许因环境变迁，又或是因人性贪婪。总之，最近几年，我再也没见过这种黑色的虫子，也没见过又细又长有着淡金色细碎鳞片的细鳞鱼了。河水两岸是平整的稻田，阡陌纵横。最喜欢的生活，就是在春天的傍晚，漫步田间，听蛙声虫鸣。雨季，河水会漫过河堤，漫进两岸的稻田，严重的时候，也会造成灾害。最美的是9月，雨水落脚，水位降了下来，掌鸠河开始变得清澈，从镌字岩至崇德岔河，二十多公里的鸠水两岸，稻浪翻滚，金秋肆意，谷香绵绵。

在小城的正前方，白塔山的脚下，掌鸠河接纳了自西而来的南坛河，在两水交汇处形成一个清蓝的回湾和一片乳白的沙洲。这个回湾，古时称“鸠水洄

澜”，是禄劝曾经有名的八景之一。

明清之际，文人墨客总结禄劝境内的风景名胜为“秀屏排闼”“鸠水洄澜”“龙洞藤萝”“石牛卧水”“仙石残棋”“武陵钟鼓”“温泉浮玉”“惠湖积雪”，并称“禄劝八景”。

禄劝小城依秀屏，临鸠水，八景之中，县城有二，一是“秀屏排闼”，二是“鸠水洄澜”。古时，登高远望，屏山坝子中的掌鸠河波光潋滟，沿岸杨柳依依，渡船往来，渔舟轻荡，县城脚下，两水交汇，合抱洄环，风光旖旎，是为“鸠水洄澜”。

清朝禄劝诗人李汝楫题诗赞美掌鸠河：

鸠水盈盈荡绿波，垂柳两岸挂渔蓑。
浪随风卷夕阳照，遥望江心白练拖。

至迟在20世纪90年代中期，这个回湾依旧存在，离小城不远，清澈的河水，细软的沙滩，田野、树林、垂柳、轻风……依然是小城居民观光、休闲、玩乐最好的去处。

那时我在小城教书，县城面积小，人口少，没有高楼，五星路以下都是稻田，除城西秀屏山，掌鸠河这片小小的沙滩就是我和家人最

县城一角

喜爱的户外之所。记忆里最好的时光，便是在春天晴朗的清晨，带着小孩子走出小城，顺着气象路，穿越田间小道，来到河湾的沙滩上，在柳荫下玩沙，用细小的竹竿钓蝌蚪、小鱼，于白杨树林里穿梭捉迷藏。

小城附近的掌鸠河曾经还有一个好玩的地方，就是练甸温泉。练甸是一个村庄的名字，因其居于秧田坝子而得名。对于练甸，人们最熟悉和怀念的，是当年田坝里的温泉泳池。温泉在掌鸠河岸边，离城不远，在县大坡坐上小马车，沿108老国道慢慢摇着走，过南坛河上的咪油大桥，经咪油、永平两个村庄，再拐个弯，进田间小路，过掌鸠河练甸桥，便可抵达。记得最早去练甸是30年前，那时在县城上学，每周去泡一次温泉。最早的温泉并没有泳池，田坝里只有唯一一间红砖房，抽取的是地下的温泉水，房间里建水池。记忆里，红砖房爬满绿苔，植物从墙缝里长出来，都是年深日久的岁月痕迹。红砖房周围，是大片平整的稻田，人们早出晚归，春种秋收，靠土地里长出的庄稼吃饭。大约20世纪90年代初期开始，练甸的田坝里开始出现温泉泳池，吸

掌鸠河穿城而过

引了县城及周边县区的大批游客，练甸村开始变得热闹，一些村民开始以经营温泉为生。

20 世纪 90 年代末，由于河道治理和城市扩张，小城附近的稻田被逐渐征用，掌鸠河自南甸以下至崇德集镇附近，开始改造为人工河堤。经过改造拉直砌了高堤的河水，不再狂野随性，显出温婉浪漫。古老的垂柳消失了，沿河两岸的稻田长出的不再是金黄的稻米，而是灰色的楼房。迤逦而来绕城而过的掌鸠河变直了，成为穿城而过的人工河水，河堤用条石垒砌，在两岸的河堤上铺了石板步行道，修建了公园广场，栽种了树木花草。北起旧县大桥，南至崇德集镇，十多公里的掌鸠河，经过十多年的治理打造，如今已绿树成荫，花香四溢。县城附近的掌鸠河上，建起了旧县大桥、紫曦风雨廊桥、白塔东山石拱桥、东华村吊桥、三溪温泉大桥、练甸桥、大箐桥、河东庄大桥、喰多小吊桥和工业园区 1 号、2 号大桥等十多座大小桥梁。沿河两岸，建起了掌鸠河湿地公园、彝族太阳历文化广场等多个公园广场，建成了公园尚居、聚龙湾花园、鼎城家园、彝城新都、河畔尚居、世纪中心、阳光尚居、三溪温泉小镇、凤家古镇等居民住宅区和商业文

紫曦桥

化小镇。流水、小桥、花草、树林、湿地，风格各异的主题公园，构成了今天风光无限的掌鸠河十里长廊。可是，对于曾经爱过那条河流的人来说，看着如今风光十里的人造美景，难免心生失落。

当拔地而起的高楼和各种人造景观渐渐吞噬了掌鸠河岸边最后一片农田时，多少代禄劝人的心灵栖息地“鸠水洄澜”这一美丽的自然景观，便风一样消失在历史的记忆中。曾经八景之一的“鸠水洄澜”如今已楼房林立，成为小城新的政治、经济、文化中心，取而代之的是以彝族十月太阳历为设计元素的民族文化休闲广场，以及代表彝族原始图腾的虎啸池等现代人文景观。阳光下的练甸温泉不见了，变成了高楼里的自来水管，那间稻浪里兀自伫立充满神秘气息的红砖小楼已成历史记忆。

小城在走向现代文明，满足现代居民生活需要的同时，渐渐远离了自然天成的随性和诗意。掌鸠河曾经渔舟唱晚，白水绕城的景观如今已不复存在，这是小城的进步，或许也是小城的悲哀。

滨河公园

白塔山为何没有白塔

东川区

禄劝县

寻甸县

无数个清晨和傍晚，当顺着天梯般的石阶攀爬白塔山的时候，相信许多人都和我一样，心里，总有一个挥之不去的疑问：白塔山为何没有白塔？

说完小城的水，再说说小城的山。

与“鸠水洄澜”紧邻的城东白塔山，是如今小城人喜爱的又一去处。

无数个清晨和傍晚，当顺着天梯般的石阶攀爬白塔山的时候，相信许多人都和我一样，心里，总有一个挥之不去的疑问：白塔山为何没有白塔？

曾几何时，在禄劝县城的正东面，在那座如罗汉盘膝而坐的山头上，确实有过一座巍峨的白塔。它与东南面十里外支云塔山的那座白塔遥相辉映，犹如忠诚的将军，日日守护着秀屏山下的这座小城。在它的脚下，是那蜿蜒流淌，常年川流不息的掌鸠河。

这座白塔，没有人知道它建于何年何月，也不知是何人所建，只是在查阅禄劝有关史料的时候，发现至迟在明万历九年（1581 年）新州城建成的时候，它已巍然屹立在今天的白塔山顶了。

明万历四年（1576 年），四川简州人何守拙出任禄劝知

州，于万历七年（1579 年）冬十月在秀屏山麓建新城，至万历九年（1581 年）夏四月告竣。史料称当时建好的新城“据崇冈，面白塔，溪流潆洄，山岭合沓，居然一形胜也”。文中提到新州城“据崇岗，面白塔”，指的就是背依秀屏，面朝白塔。由此可以推断，当时的白塔山，确实是有座白塔存在的。

凤氏土官曾长期设府治于禄劝南甸，兴盛时期曾大兴土木，建有狮子山正续寺、三台山凤家城等宗教人文建筑。据相邻的武定县相关史料记载，禄劝东南面的支云塔山上的白塔（又称文笔塔）为凤氏所建，建成时间是明正统三年（1438 年），那么禄劝白塔山的白塔也应该为凤氏所建，年代当为明初。

不知何年何月，亦不知是何原因，白塔突然倒了，没有人为白塔的倒塌留下只言片语。现存的史料里，没有白塔损毁消失的相关记录。直至清乾隆四十三年（1778 年），一个喜欢游山玩水，爱好赋诗作文的男子，从老家安徽望江县来到禄劝。他跋山涉水千里迢迢来到这座小城，不是为放歌山水，纵情人生，而是奉大清皇帝圣旨，走马上任当禄劝知县来了。就是因为他的到来，才有诸如《白塔山记》《金沙江考》这样的文章，才会有人们今天对白塔山历史的粗略了解。这个叫檀萃的知县，堪称禄劝历史上最具才情的治政者，用今天的话说就是文人学者型和人文关爱型的政治家。他治政有方，尊重知识，尊重人才，是一个以文章理学为治政之本的政治家。他在管好黎民

白塔山公园

通往白塔山的千级石阶

百姓穿衣吃饭的同时，重视教育，重视文化，"性嗜学，爱民教士，谆谆不倦"，是一个"名重海内，文词撰著，衣被艺林，而醇雅深厚"的学者。在禄劝为政期间，总有一些学识渊博、道德懋良的文人学者与其朝夕聚首，共谋治政之方，共商抚民之策。他在政治余闲，深入民间，游历山水，调查研究，题诗作赋，修纂县志。他在任两年，为禄劝留下县志一部十四卷（《农部琐录》），山水游记十九篇，《白塔山记》即为其中之一。

读檀萃的《白塔山记》终于得知，今日我们为何见不到白塔山顶那高耸入云的白塔了。原来，早在檀萃到禄劝任职的前三年，有个名叫吴作哲的广西人在禄劝当知县，当他了解白塔山的历史后，积极筹备，锐力兴复，重建白塔。当工程做到一半的时候，吴知县调离了禄劝，建塔的事因为他的调离而搁置了。檀萃到任以后，目睹工程近半的白塔，也是下决心要把白塔事业进行到底的。可是，一心致力于修建白塔的檀知县，得到风水先生的建议：现在的白塔山，不管因地因时，都不能建塔于其上。"……前令吴君因访古，闻前塔后颓，锐力兴复，功几及半，君去予来，询于形家，佥言不合是用，不溃于成，夫地利因地因时，未可，力胶陈言轻为举动，后之君子其慎之。"以文人学者著称的政治家檀萃，一贯行事谨慎，听了风水先生的一番谈论，白塔工程从此不再列入县政府的议事日程。

至此，禄劝小城对面的白塔，成为书中的历史，成为人们心中美好的想象。

如今再登白塔山，虽然少了几分寻幽访古的意趣，可是山里那些蜿蜒的石板栈道，满山坡的果木，春天的桃花，夏日的虫鸣，中秋的月亮，冬日的暖阳，依然为围困在高楼里的小城居民带来了茶余饭后的欢悦。

古刹文殊宵汉间

东川区
禄劝县
寻甸县

秀屏山因其地邻城治，景色清幽，不但成为文人墨客户外踏青、游山玩水的好去处，而且是境内早期佛教信众清静修持的首选之地。

位于县城西北侧的秀屏山，是小城的天然屏障，也是古时禄劝的八景之一， 自古有“秀屏排闼”之美称。因山间时常云雾缥缈，宛如玉璧，故又称玉屏山。古时秀屏山林木葱郁，飞禽走兽悠然往来，又因其地邻城治，景色清幽，成为历代文人墨客户外踏青赋诗的首选之地。

清康熙初年，武定知府王清贤喜山乐水，对禄劝秀屏山情有独钟，曾撰《滇之峨嵋（眉）》一文，将秀屏山比作峨眉山。江南士子郧遇与王清贤同游秀屏山后，作诗称赞秀屏山：“风流太守颜题额，窥豹而今见一斑。古刹文殊宵（霄）汉间，上方钟磬隔尘寰。群峰排拱习如秀，曲径迂回水自环。漫水峨嵋（眉）浇蜀地，欣从莲社得名山。”武定同知尚崇娱以“禄劝八景”之“秀屏排闼”为题创作绝句，称秀屏山：“万叠寒山列翠屏，禄阳烟树望中青。何人作宦称仙吏，松韵闲飘月一庭。”

从历代文人的描述中，可见当年秀屏山景色之幽。

秀屏山因其地邻城治，景色清幽，不但成为文人墨客户外踏青、游山玩水的好去处，而且是境内早期佛教信众清静修持的首选之地。

文殊寺藏经楼

明万历二年（1574 年），僧人兴琼在秀屏山麓兴建文殊寺。

万历年间修建文殊寺的过程，知州何守拙受住持僧人兴琼的请求，以《建寺碑记》完整记载。其中称：

> 寺在郡中者无几，其清迥出尘、秀拔可爱者，惟城北文殊寺焉。地本旧郡遗址，治迁而荒弃者近七十年矣！今建为寺，又在万历甲戌，郡人合谋于僧兴琼成之，亦苟完也。越丙子，余始来守，曾登寺以省，敛兵后荒芜，禅关消歇，尘世堪哀，古人咏嗟悯恸良足慨也。今数年后，人物少亨景色，亦殊辉梵宇而更新之。僧徒且集派按期联榻课演，悠悠然有伏牛峨嵋（眉）之风……余在郡几七年，以得代而去，寺僧兴琼恳余为记，遂书此答之，其众姓备勒诸碑阴，俱有善念思悟者。时万历十年（1582 年）壬午也。

兴琼所建的文殊寺，在秀屏山中静立了 270 年之久。清咸同年间，大理杜文秀起义殃及禄劝，义军所到之处，首先占领寺庙。同治六年（1867 年）三月，杜文秀北路军攻占禄劝县城，以文殊寺为据点，迎战杉松营汛把总周鸿升，文殊寺在此次战乱中不幸被毁。此后百年，禄劝再也没有文殊寺。

现在的文殊寺，复建于 20 世纪 90 年代中期，在县城扩建五星路的同时，政府批准在原文殊寺西侧 800 米处的秀屏山东南麓重建文殊寺，并更名为文殊禅寺。重建工程由文殊禅寺住持释法流主持，1996 年 4 月始至 2007 年底 10 年间，已先后建成大雄宝殿、天王殿、藏经楼、方丈室等设施。

寺庙依山而建，背山面水，后有秀屏山，东望掌鸠水，右临南门涧和北门涧，相距县城老城区不过一里。寺庙居高临下，小城一览无余。曾经从小城去秀屏山和文殊寺，一走南门，一走北门。如今从县城至文殊寺，有两条路可达，一为车道，二为小径。由于寺庙离城近，大多时候是无须用车的。如今城墙已毁，城市扩大，再也觅不见当年的南门和

北门，但位置却是可以确定的，今天的文化馆一带即是当年的南门所在地。沿着南门往西的一条小街，就是今天的南街，也是当年旧州南城墙的位置所在。沿着南街一直上坡，经过小学、老公安局、武装部、检察院、县委党校，便可进入秀屏山，这条路可以行车。文殊寺隔南门涧邻县委党校，两地相距不过百米。党校是曾经的城隍庙旧址，也是小城的最高点。曾经护佑城池的旧庙，如今已成为培养干部的摇篮，亦是沧海变了桑田。唯有文殊寺，几建几毁，如今依然梵音缭绕，香火绵绵。另一条路，便是从北门出发，沿今天的北街，过北门涧，经老县医院往西，过北街社区，沿着田间小径行三四百米，便可到达文殊寺山门。

新建的文殊寺，红砖墙，琉璃瓦，斗拱托檐，双檐翼角，气势恢宏，既有古刹的庄严古朴，又具现代建筑的美观坚实。寺内大雄宝殿、天王殿、藏经楼，塑有佛像三世佛、十八罗汉、四大天王、阿难、迦叶、弥勒、童子、观音、龙女、韦驮、哼哈二将等 34 尊，左厢房内有一尊汉白玉地藏菩萨，塑像工艺精致，造型美观。文殊寺现已成为禄劝最重要的佛教活动场所。

寺不常去，山却是经常走的。夏雨初歇，秀屏山云雾轻绕，悬崖绝壁间，雨瀑飞花，南门小涧，流水潺潺。寺之周围，有古木环衬。寺院门外，是一片未被开发的田地，种植着四季的谷物蔬菜，是近年来禄劝城市扩张中唯一保留下来的一片净土。在城市扩张的当下，秀屏山里的佛门净地，渐渐成了小城人躲避喧嚣、安放灵魂的地方。

文殊禅寺

香海庵的前世今生

驻足400年前的香泉水边，恍然间，晨钟暮鼓，再次响起，古寺青灯，梵音绕梁，仿佛听见海宝法师那句偈语：“不入烦恼海，怎知大乘好；不游香海水，怎得如意宝。”

说起小城附近的山，人们大约还会想到城南的支云塔山。此山是禄劝和武定的东南界山，因塔得名。其山头有座白塔，山腰有间古寺，塔归武定，寺属禄劝。

山上的白塔位于禄劝武定交界的山顶上，远望犹如一支巨笔立于天地间，成为禄劝、武定一道绽放异彩的人文景观。该塔在武定称白塔或文笔塔，禄劝则称支云塔或文笔塔，为明代正统年间凤氏土官所建，造型为方形砖石结构，共七层，顶为葫芦形，四角突出呈翘立状，飞檐翘角下挂有四个铃铛，山风过处，铃声随风飘送，清脆婉转。最具特色的是塔顶四面的题字，东南西北分别为“文运天开”“雁塔题名”“玉笋凌霄”“鼎新革故”，寓意文章载道，多出人才，荫佑后代，永久昌盛。

支云塔东面的山腰有一座寺庙，名香海庵。

说到香海庵，以前一直不明白，一个寺庵何以叫“香海”。读地方史志，从狮子山正续寺高僧释圆易所题《创建香海庵碑记》一文，方知香海庵其名之由来，知香海庵创建之始末。

香海庵创建于明中期，距小城大约五公里。

夕阳余晖中的香海庵大殿

嘉靖年间，屏山南村杨氏之子“负不羁之才”，剃发出家，拜丹空和尚为师，法名儒意，别字海宝。出家后的海宝法师，随师前往大理鸡足山习经学法，春去秋来，历时九年。学成归来后，和师父一起建龙壑庵，后又率众归狮子山建净土庵，万历四年（1576 年）辞别师父下山创业。下山的时候，得师父资助十石粮食、千索海贝、一架耕牛为开山创业之资。海宝法师在山间觅得香泉一处，见香泉周围芳草连天，白茅飞雪，鸟语花香，遂立锡杖于香泉之畔，栖身其间，“披雨蓑荷日笠，锄云外青山，翻谷中白水，月下星前，筋不至席”。山下贡生董三策崇敬海宝法师对佛教执着不渝的精神，于是率先捐资，发动佛门俗家弟子帮助海宝法师兴建寺庵，“取椽架木，后三楹为大殿，前三楹为山门，明年，移山舍为石禅室，

香海庵五重大殿

增左三楹为香绩堂，铸三世佛像”，香海庵由此而成，海宝法师为首任住持。自此后，山间“梵刹井井，松竹森萝，果木繁盛”。万历三十九年（1611年），苦心经营香海庵35年的海宝法师诵着“不入烦恼海，怎知大乘好；不游香海水，怎得如意宝”偈而坐化。香海庵自此信徒大增，成为境内最有影响、历时最长的佛门静地。

香海庵自创建至20世纪50年代，近四百年间，一直梵音缭绕，香火绵绵，声名远播，福及四野。这与其天时地利、海宝法师的个人修为以及僧寺之间的奇闻逸事有着密不可分的联系。香海庵所在位置离城不过五公里，风光秀美，景色宜人，是文人骚客和官民士子户外踏青的好地方。禄劝地方史上有影响的人物，如清康熙时期的知州李廷宰、清乾隆中期的知县檀萃等人常常呼朋唤友入山游晏，并留下大量诗文，为香海庵提升了知名度。明中期山下人口稀少，山林葱郁，繁花似锦，直到清康熙、乾隆之际，仍然是文人笔下“古桂交云干，群峰当户森”“花梵荒原景不同，游人尽插满头红。莫道桃李多颜色，尚有松涛独啸风”的幽静世界。

香海庵之所以成名，海宝法师功不可没。

海宝法师是禄劝佛教史上第一个有名有姓土生土长的当地人，少年时代就体现出与众不同的才能，并在高僧大德云集的鸡足山学习修行九年之久，对佛法律义有深入的研究，回乡创建香海庵，一人独居深林，历尽艰辛，感动周边民众参与建寺，其修为得到僧俗两门的敬重。香海庵之所以引人注目，还跟寺里的奇闻逸事

分不开。传说海宝法师能驯虎，直到民国时期，《禄劝县志》还有记载，称："昔海宝禅师有智力，常役二虎，使守山门。师去后，虎化为石，至今尚列寺门左右。"如今，香海庵年久失修，五重大殿已然破败，山门的两只石狮子已不知去向。

清咸同时，大理杜文秀兵变殃及禄劝，香海庵在兵火战乱中受到严重摧残。兵荒马乱之际，寺僧将寺中视为镇寺之宝的古钟深藏于地下。兵退后，人亡事息，古钟不知下落。直到五十年后，角乃庚等地方绅民倡导重修香海庵。此时，一件偶发事件，再一次使香海庵名声大振。据 1928 年出版的民国《禄劝县志》记载："民国六年（1917 年）四月某日，住持某偶见四足蛇二，向阶下石隙中蜿蜒而入，寻即揭开石板，而二蛇忽失所在，以手探土寸余，隐隐见追蠡露焉，知为古钟，仍以石掩之，越数日，白诸地方董事，同往观之，掘地得钟，扛寺出，完全无损，钟上镌字云：万历丁巳年（1617 年）孟夏月。证以历书，始知铸钟时为明万历四十五年丁巳，窖钟时为清咸丰七年（1857 年）丁巳，掘钟时为民国六年（1917 年），

香海庵大殿外观

香海庵山门

年月日亦属丁巳。噫，是钟或隐或现，历花甲五周，而年月日若合符节，奇哉！灵哉！毫厘不爽，此其中殆有鬼神呵护欤！”

这段史料是禄劝佛教史上的佳话，民国《禄劝县志》于 1922 年发起修纂，与民国六年（1917 年）发现古钟，相差不过五年。当时人记当时事，可信度自是不容怀疑。只是从民国六年（1917 年）至今，又历百余年时光，重建后的香海庵，没能再现明清之际“精舍花繁白间红，闻香观海会心同”的旧时盛况，在时代的变迁和政策的变动之间，环绕古寺的奇异光芒逐渐暗淡。20 世纪 60 年代，香海庵划归政府作为公益医疗机构，用于集中安置全县及周边县区的麻风病患及康复人员，并且沿用至今。

香海庵大殿前的石狮子

多年前，我参与编修禄劝续志，从收集的县志资料里，发现香海庵已另名称呼，人类家园国际组织捐资在香海庵另建一些房舍给麻风病康复人员居住，因此称“人类家园”。

第一次去香海庵，缘于一次爱心公益活动。记得是2006年冬天，因学习培训结识不久的一群朋友，听说香海庵的情况后，希望我带他们去看望居住在那里的麻风病患者。

初冬的清晨，香海庵掩映在静谧的树荫中，原以为香海康复村已变迁为一个村落，到了才知道其实还是一个大院。除了曾经寺庙的五重大殿和厢房，院里多了两排砖混平房，这是人类家园爱心组织修建的。在这个大院里还住着二十多人，最年轻的是一位李姓女医生，十七岁正当花季的她来到了康复村，一待就是三十多年。几十年间，她默默地承担起了康复村的医疗工作，为那些有家难回的人治病送药、养老送终。居住在这里的二十多位康复患者，他们种地、喂猪、养鸡，栽植果树，墙头、树丫挂满刚刚收获的玉米。看到我们一群年轻人带着大米油盐等日常生活用品去看他们，他们陆续走出各自的房间，汇集到大殿门前，和我们聊天拉家常，与世隔绝的生活带给他们太多的孤独和绝望，对我们的造访表现出了无比的欢喜。

三年前一个冬天的傍晚，我和一群朋友再次相约去看望香海庵的老人。这是我第二次走进那道院落，相距第一次已经过去整整八年，弹指一挥间，已然物是人非。八年间，这里陆陆续续逝去了近二十位老人。一棵掉光叶子的柿子树静立在风中，树下撒满掉落的柿子。深秋的傍晚，太阳西斜，金色的阳光照在大殿古旧破损的土墙上，苍凉清冷，曾经的雕梁画栋，已成岁月之殇。这个自明万历以来，一度成为禄劝佛教文化中心的寺庙，如今已然破败，雄踞山

门四百余年的两只石狮子，不知何时已成他乡之物，一些雕花的门窗不知去向，大院里散落着石磨、石桌、石碓等老物件。显然，香海庵里如今生活着的八位古稀老人，已无力守护祖宗留给我们的唯一古物了。

矗立在支云塔山顶的白塔可以千年不倒，而山腰这座饮过仙风神雨，也尝遍人间烟火的古寺，如今已垂垂老矣。

驻足四百年前的香泉水边，恍然间，晨钟暮鼓，再次响起，古寺青灯，梵音绕梁，仿佛听见海宝法师那句偈语：“不入烦恼海，怎知大乘好；不游香海水，怎得如意宝。”

香海庵局部

旧时光，旧味道

临街的老屋是各式各样的小商铺，记忆最深的是几家小吃店，有好友妈妈开的凉虾店、王开春米线店、马回回牛肉馆等。

坐落在秀屏山东南侧的禄劝小城，建成于明万历九年（1581 年），时人称之为新城， 如今已有四百多年历史。此处的“新”，是相较于洪武年间修建的秀屏山旧州城而言的。禄劝自元至元二十六年（1289 年）建州始，曾经历过三次有资料可考的州城建设。

最早有史可稽的州城建设始于明洪武二十二年（1389 年），地址位于秀屏山东北麓。此前一百年，由于无史可稽，不知州治于何地。明正德二年（1507 年），裁并石旧县入禄劝州后，州城从秀屏山迁至掌鸠河东岸的石旧城。

明隆庆元年（1567 年）中央王朝在武定、禄劝“改土归流”，曾引发了大规模的土官叛乱，兵燹战乱中，禄劝州城遭到破坏。明万历四年（1576 年），何守拙出任禄劝知州时，州治在石旧，有城无郭，设施简陋，“即长吏持檄至，多不肖居住之”。加之与府治相隔掌鸠河，来往不便，新任武定知府辛存仁，倡议迁建禄劝州城，新任知州何守拙积极筹备，选址于掌鸠河西岸秀屏山东南麓建新州城，万历七年（1581

年）冬十月始建，至万历九年夏四月告竣，州治即由旧址迁入新城。

明万历年间营造的禄劝州城，“广一里，周围三百零九丈三尺，高一丈有奇，厚五尺，筑土为垣，上覆以瓦，下砌以石”。城开三门，分别为东门、南门、北门，门各有楼，哨楼十，无池。建城之初由于城西为秀屏山，无居民，因此未开西门。州城规模虽不大，但“城郭、州治兼举”，既有军事防御作用，又具备社区居住功能，是禄劝第一次真正意义上的城市社区建设。这一城址和规模一直维持了三百余年，此间历代，禄劝建城修池均依原址进行。

古代人设险筑城凿池，目的在于守卫宗庙社稷，非常注重军事设施的建设。冷兵器时代，城墙和城池是一座城市必不可少的设施，而禄劝州城当年只筑城而未凿池，原因是小城居于掌鸠水与南坛河交汇的地方，天然河流已具备护城功能，而西面有秀屏山为天然屏障，因此未建人工护城河。

万历年间修建的州城，中心在今天老城十字街一带，城池规模自建成之日始一直维持到20世纪50年代末期。1958年，“大跃进”和人民公社化运动直接摧毁了维持三百多年的小城城墙，现在的东街、南街和北街为当年的城墙所在地。在城市日渐扩张的当下，

老街一景

老街渐渐变成了幽深的巷子，许多代表这个老城的建筑和设施已失去踪影，曾经繁华的老城已隐退到城市的边缘。

三十年前我在小城上学，十字街还是小城的中心，是禄劝人口最密集的地方，周边几百米范围内，集中了政府、学校和医院等单位。临街的老屋是各式各样的小商铺，记忆最深的是几家小吃店，有好友妈妈开的凉虾店、王开春米线店、马回回牛肉馆等。

在禄劝，凉虾不是真虾，而是一种用米浆做成的像虾仁一样的冷饮食品。做凉虾的工序大约和做凉粉差不多，先把大米用清水淘洗浸泡，等大米发软后，用石磨磨成米浆，用漏网把米浆一滴一滴漏进烧开的沸水里煮熟，捞起用清水凉着。吃的时候，从清水里捞起沥尽水分放进碗里，滴上蜂蜜和玫瑰糖，一碗甜香糯滑的米凉虾就做成了。在 20 世纪 80 年代末 90 年代初的小城，好友的妈妈靠着一间十字街的老店铺，靠着一碗精心磨制的米凉虾，养大了三个孩子，还供他们上了大学。如今，朋友的妈妈已卸下生活的重担安享晚年，小店依然还在，只是换了主人。米凉虾的传统依然保留下来，炎热的夏天，在小城的任意一家凉粉店里，都可以吃到甜糯的米凉虾。

十字街历史最悠久、持续时间最长的小吃，当是王开春米线店。王开春大约是小店主人的名字，也是店名。三十年前，王开春米线店在小城就已经很有名气了，当地的上班族、学生、闲人，南来北往的客人、商旅，只要来到小城，都喜欢到王开春店里吃一碗炸酱米线；农村来的大爷大妈甚至把吃过十字街的米线作为到过县城的标志，回家后以此作为跟乡邻闲谈扯白的资本。小店在东十字街，店铺不大，店中摆设的是半高的原木八仙桌、方凳子，米线是炸酱米线，门口经常有排队等吃的人。禄劝的米线，本身和其他地方并无区别，都是用米浆做成的粗细不一的线状食品，只是在帽子上有区别。所谓的“帽子”，在北方叫“臊子”，也叫“卤儿”，就是一碗米线里

❶ 静谧的老街

❷ 回回店已改新名

1

2

要放进的主要佐料，是决定一碗米线是什么味道的主要成分，也是米线的精华和灵魂所在。那时王开春小店的米线，统一只有一个味道，它的帽子是把新鲜的猪后腿肉剁成碎末，用自家腌制的蚕豆酱拌炒，出锅的炸酱肉色泽明丽，味道香辣。三十年前，五毛钱一碗的炸酱米线是我整个中学时代最喜欢的美味。如今，大街小巷充满天南地北的各式小吃，口味可以随时变化，可是，王开春米线的味道依然在记忆里挥之不去。幸好小店还在，三十年前的味道还在，只是盖了新房子，扩大了经营规模，增加了品种和味道。如果哪天突然想吃了，无非多走一段路。

十字街还有一家牛肉馆，开店的人姓马，回族，店名儿随了主人的姓氏，称马回回牛肉馆。这间小店也是开了几十年了，青砖老屋，古旧的木制蓝色门窗，水洗石的地板，正宗的清真牛肉火锅。店主是文化馆的音乐教师，工作之余开起的小店，规模不大，可是却有无数的人喜欢马老师的小店，喜欢吃他做的牛肉，原因是牛肉食材好，味道好，店主厚道。如今小城的大街小巷开起了无数的清真牛肉火锅店，诸如老地方、伊香园、崇德牛肉馆等，吸引无数的外地来客。可是曾经的那些食客，吃惯马老师牛肉的人，还是喜欢回到十字街的马回回店里吃牛肉，听马老师唱歌，享受老城的安静时光。

如今的小城较之四百年前，除西面临山发展较慢外，其余三面都有很大的拓展，规模更是在四百年前三百零九丈的基础上不知扩大了多少倍。可是，不管时间怎样奔跑，不管世界如何喧嚣，只要回到十字街，回到小城最初的地方，时间就会停驻，心情就会安静。

❶ 幽深的老巷子

❷ 老街

❸ 老街一角

那些故事，那些人

在如此安静的小地方，在时光的流年里，也曾上演过无数的刀光剑影。为了保卫小城，生活在不同时代的小城人，大到一州之长，小到平民布衣，有人曾为之付出宝贵生命。

明嘉靖初，武定土司凤朝文叛乱，攻陷禄劝州城，时任禄劝知州秦健坚守城池遇害身亡，吏目刘瑀、知事高心等同时殉难。

清顺治五年（1648年），撒马邑秦邦明作乱攻陷州城，时任禄劝知州解士英被其扣押，成为“逼呼武定城”的人质，威胁士英“开城可生”。知州并非贪生怕死之辈，始终坚守责任气节，最终在武定城下呼吁城头将士坚守城池而殉职。如今，在城外的南甸村还保留有解知州的墓茔，境内解氏，大多为其后裔。

彭效武，清禄劝县典史，咸丰九年（1859年）匪陷禄劝城殉职，同时遇难的还有他的两个下属蔡升和小福。

李世琛，禄劝知县。光绪十六年（1890年）十二月刚刚到任禄劝，十七年（1891年）正月遇武定布贩黄子荣率众攻武定州城，常住禄劝县城的四川会理布贩李憎策动闲散人员响应，攻陷禄劝县城，攻入十字街坡头县衙，杀害死守县衙的知县李世琛和随员多人。小城人民感恩李知县临危不惧、

古老的官井

致死不渝的英雄气节，纷纷拿出财物，为其树碑立传。武定吏目王秉安记其死节，后继的县令周行旷为之竖碑于三纲祠。在十字街西北侧一条叫孙家巷的巷子里，曾立有一块“禄劝知县李公世琛殉难处”石碑，遗憾的是前些年这块石碑莫名消失了。

小城的故事很多，可是，随着时光的流逝，用来记住这些故事的物件却越来越少了。如今，十字街除了南城脚下一口名为官井的老水井外，再也找不到其他老物件了。世事沧桑，未来可期，祝愿小城的明天越来越好。

新县城一角

文化韵
LUQUAN
寻甸县
石林县

第二章 金沙水拍云崖暖

长征是人类历史上坚定无畏的丰碑，一个可以传之久远的东方神话，一条绵长的精神矿脉和铭记着中华民族坚强不屈精神的地球上的红飘带。这条红飘带是用激情的汗水和炽热的鲜血浸泡出来的红足迹，是穿越时空的精神存在。

——魏巍《地球上的红飘带》

历史定格在 1935 年

七天七夜，三万人马，在禄劝皎平渡，中央红军完成了一次与时间赛跑的大抢渡。

七天七夜，三路纵队，在禄劝皎平渡，中革军委（全称为中央革命军事委员会）完成了一场与空间较劲的大结集。

七天七夜，在金沙江皎平渡，作为诗人的毛泽东，用简易的地图和清晰的电文书写了一首与中国命运息息相关的旷古诗章：自古金沙水拍，而今云崖常暖。

长征是宣传队。

长征是播种机。

五彩云霞空中飘，远方飞来金丝鸟。

1935 年 4 月 29 日，与禄劝山水相邻的寻甸县鲁口哨地区，一份题为“关于我军速渡金沙江在川西建立苏区的指示”的文件发布全军。

禄劝，第一次进入了中国共产党第一代核心领导集体的视野。

次日，中央纵队及干部团进入与禄劝仅一山之隔的寻甸柯渡古镇。当天晚上，毛泽东主席到号称“长征四老”的林伯渠、董必武、徐特立、谢觉哉驻地看望，并要他们做好急行军、抢渡金沙江的准备。周恩来副主席向干部团团长陈赓、政委宋任穷做了抢占皎平渡的具体部署。一军团抢占龙街渡，三军团抢占洪门渡，干部团抢占皎平渡。三个渡口中，洪门渡和皎平渡均在禄劝境内。

长征的足迹举世震惊。

对禄劝而言，红军过境是一个可遇不可求的小概率事件。从此，沉寂了几千年的“三水一江”地域，一条由年轻的生命、鲜艳的红旗、理想的光芒编织的红飘带，由东向西、由南而北，漫山遍野飘舞而来，映红了彝山苗岭。

这一天，中央红军政治保卫局局长李克农率中央工作组干部团前卫连（五连）从柯渡出发，昼夜奔袭，并于次日深夜抵达皎平渡，在禄劝船工的帮助下，强渡金沙江，消灭北岸四川守敌一个排，占领税卡厘金局，控制了渡口两岸。

这一天，中央红军根据毛泽东、周恩来的部署，随前卫部队之后，分路进入禄劝境内向金沙江急进。

这一天，一面面带着血渍和硝烟的红旗，把禄劝带进了中国共产党的发展史，带进了中国改天换地的革命史，带进了彻底解放中华民族的军事史。

这一天，是禄劝几千年文明史上划时代的一天。

这一天，是 1935 年 4 月 30 日。

人类历史的进程，总会用特定的方式将某种印记留在江河之畔，存于山水之间，定格史书之上。

皎平渡和洪门渡，尤其皎平渡，因中国共产党的第一代核心领导成员悉数降临，因七天七夜的人吼马嘶，因禄劝贫苦船工出生入死的壮举，因七条木船载三万人马的史诗传奇，从此成为举世闻名的天险要津，成为中国革命胜地，成为中国革命史上的光辉岁月。

每年的 5 月，正是金沙江流域即将进入雨季的时段。

80 多年前的这个季节，这条空旷悠长的峡谷上空没有鹞鹰的身影，轰鸣而过的是印着“青天白日”徽记的国民党军机。

关于抢占金沙江各渡口的具体安排一开始虽然没有主次之分，但随着形势的变化发展，最终使得禄劝皎平渡成为红军抢渡金沙江的主要渡口。

当年抢夺渡口的任务由中央纵队干部团具体承担。

1935 年 4 月 30 日，寻甸柯渡。

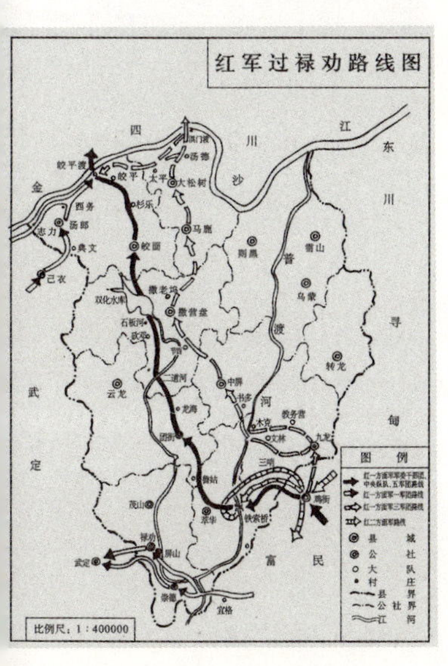

红军过禄劝路线图

红军总部会议室里挤满了人，屋内气氛紧张。周恩来下达了抢占皎平渡的命令：以干部团三营为渡江先遣部队，由刘伯承和干部团政委宋任穷率领，以当天160里急行军的速度赶往渡口，消灭渡口守敌继而巩固北岸阵地；南岸部队迅速收集船只并组织架桥，为主力部队渡江做好准备。干部团团长陈赓率领其余两个步兵营、一个特科营为后进梯队，以当天100里的速度急行军跟进，在先遣部队抢占渡口成功后，及时渡江占领江北20公里处的通安镇，阻击和消灭向渡口增援的川军刘文辉部。

在刘伯承的安排下，经过集体讨论，为有效防止消息走漏和敌人毁船，渡江先遣部队决定采取突袭战术实施渡口夺船。具体由军委侦察队长张明远带领一个5人小组前去执行任务，由干部团五连连长肖应棠率五连进行掩护。

4月30日凌晨，张明远在完成任务动员和食物补充之后，带着临时找来的向导，一路直奔皎平渡，在皎西抓获了正要赶往渡口毁船的区公所秘书，继续直奔皎平渡口。

5月1日凌晨，张明远率领的夺船小组终于到了皎平渡口，寻找到两条旧渡船。负责掩护任务的肖应棠所率五连，因为向导是个大烟鬼，一路折腾，直到天快亮才赶到渡口。在离渡口不远的洪门厂村找到船工张朝寿，经过宣传，张朝寿答应找人帮助红军渡江。在刘伯承的安排下，张明远、肖应棠迅速带队乘船过江，消灭北岸守敌一个排，端掉负责收税的税卡厘金局，缴获渡船3条，成功控制皎平渡口。

1935年5月1日，经过不断调整的中国工农红军第一方面军，已呈“三箭齐飞”之势，迅速扑向金沙江沿岸各指定渡口。

当日，军委纵队随中路渡江先遣队跟进，当晚宿营于禄劝小仓街、界牌村一带，目标直指金沙江皎平渡；渡江左路纵队一军团以红二师为先导，分兵两路袭取禄劝、武定县

禄劝撒营盘石板河

城，目标锁定金沙江龙街渡；右路渡江纵队三军团以十三团取道马鹿塘，一路奔向金沙江洪门渡。

5月2日，中革军委发出《关于我军向元谋龙街大道渡江的指示》，再度明确各路渡江纵队路线和先头部队到达金沙江边架桥的时限。即，“一军团决经武定、元谋由龙街渡江，并引敌向西，军委纵队以刘参谋长率干部团一个营及工兵，带二十九分队赶于4号上午到皎平渡架桥，并侦察其上游各渡河点；（三军团）十三团应经老务营、江边渡普渡河（派工兵先行架桥），转入通马鹿塘道上，亦限4号上午赶到洪门口架桥，

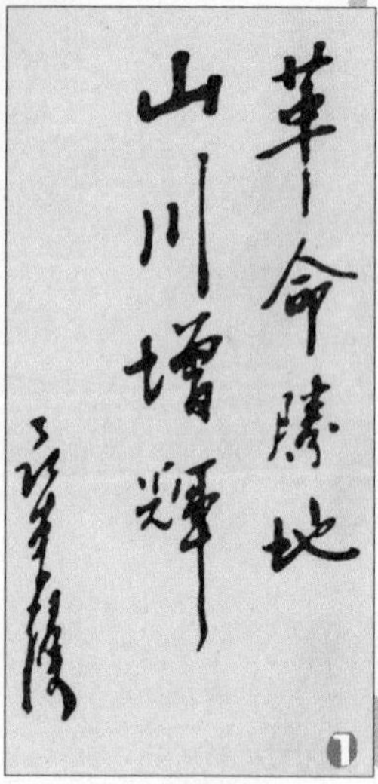

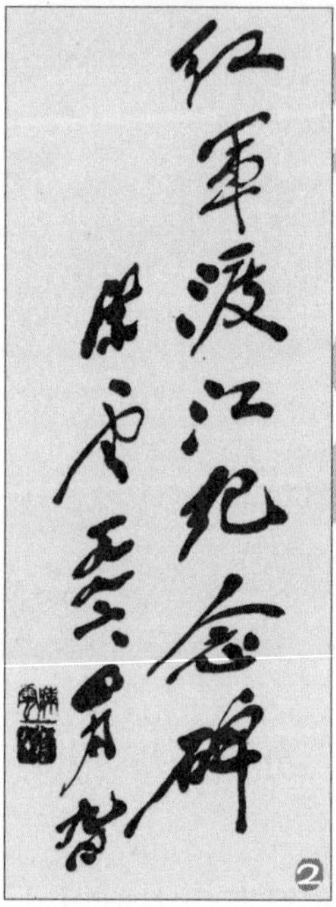

侦察其下游各渡河点”。

当日，左路渡江纵队一军团主力紧随先头部队到达元谋老街附近；中路军委纵队全部到达禄劝团街地域，准备渡江；右路渡江纵队三军团主力紧随先头部队到达禄劝撒营盘。

5 月 3 日，各路渡江纵队进展神速。

左路渡江纵队一军团主力集结元谋县城，先头红一师于当晚赶至离龙街渡数十里的黄瓜园。右路渡江纵队三军团主力集结禄劝大松树，先头红十三团已抢占洪门渡口，找到一条渡船开始组织先头一部渡江，负责北岸警戒，一部负责架设浮桥。而中路渡江纵队进展最为神速，军委纵队进至禄劝坎邓，渡江先遣队已由刘伯承率领由皎平渡口渡过金沙江，军委干部团先头营过江后即向北岸的中武山、狮子山行进，击溃由通安赶来堵截的江防大队汪保澄部。

5 月 4 日，蒋介石下达“限歼”红军于金沙江以南地区的命令。“甲：朱毛主力现窜禄劝、武定一带，拟由元谋偷渡金沙江河套北窜入，与徐匪合股合窜川康边界之公算较多；乙：周、吴、李各纵队，应由伯陵严督，不顾任何牺牲，追堵兜截，限歼匪于金沙江以南地区，否则以纵匪论罪。”

蒋介石的这份“限歼令”，从遣词用语来说，是一纸“严令”无疑，但从军情研判而论，更像一通糊涂“梦语”。

事实是，当日，中央红军三路渡江纵队均已按计划抢占预定渡口，开始渡江或架设浮桥。左路渡江纵队先头红一师已在龙街渡口一面与川军刘元瑭部三二团隔江接火，一面组织队伍架设浮桥；右路渡江纵队三军团主力则全部抵达洪门渡口，一面组织队伍连续抢渡，一面努力架设浮桥。中路渡江纵队则已经找到七条渡船，军委干部团全部渡过金沙江。

此时，蒋介石却把“朱毛主力拟由元谋偷渡金沙江”作为最新军情判断，严督各部合力“限歼”。这一围堵部署，在客观上加大了左路渡江纵队的阻敌压力，但对整个红军的抢渡计划无疑是有利的。

❶ 聂荣臻元帅为禄劝革命老区的题词

❷ 陈云同志为金沙江皎平渡红军渡江纪念碑题词

皎平渡毛泽东指挥过江所在的山洞

基于对蒋介石“所拟判断”的准确判断，中路渡江纵队有了更为充裕的时间，巩固皎平渡口，提升摆渡能力，完成“中路率先突破，北进打通通安要道”的又一全新调整。

左、右两路纵队渡江受挫，最终促成中路纵队抢占的皎平渡口成为红军渡江主渡口。至此，中革军委此前设定的“三箭齐飞”“三军竞渡”开始向“两翼收缩”“中路群渡”再次进行快速调整。

5 月 5 日，继中路纵队先遣队、干部团完成渡江之后，军委纵队全部渡过了金沙江。

此时，集结于元谋的左路渡江纵队一军团，因龙街渡口江面宽、水深流急，无法架设浮桥，难以渡江。加之国民党追兵已将一军团误判为整个中央红军渡江队伍，致使一军团几乎承受背上整个追兵的巨大压力。而右路渡江纵队三军团在洪门渡也遇到了差不多同样的困难，架设浮桥无望，全靠唯一一条小船摆渡，已无法按时限完成渡江计划。

鉴于右路渡江纵队一军团已完成“引敌向西”，掩护军委

纵队中路渡江的战略目标，右路渡江纵队三军团实现了抢渡一团人马的初步目标。所以，中革军委当日再度果断作出调整：急令三军团只留十三团在洪门口渡江，渡完后烧毁船只，兼程赶往通安，协助干部团消灭刘文辉部。军团主力必须于 5 月 6 日拂晓前赶到皎平渡口，并于 6 日夜渡江完毕。急令一军团不顾疲劳，迅速于 5 月 7 日兼程赶到皎平渡，8 日黄昏前渡江完毕。

这是一次再度与时间赛跑的“战术安排”。同时，在这两份急电中，中革军委对一、三军团分别提出了“预警”。给林彪的电文中，明确指出：“否则有被敌隔断的危险。”给彭德怀的电文中，同样明确指出：“刘（元瑭）、万（耀煌）两敌有夹击我军于江之两岸危险。”

负责殿后重任的红五军团同样面临巨大压力。

尾随中央纵队身后的国民党万耀煌所部主力已跟到禄劝小仓一线。其先头已进至禄劝团街以北的龙海塘，与红五军团第三十九团侦察排有了接触。同日，为了确保红五军团完成艰巨的阻击任务，为红军主力顺利过江争取时间保障和行动主动权，毛泽东委派已经渡江的红军总政治部代理主任李富春，重返石板河阻击战场，下达延时阻击命令：要求红五军团不惜代价，必须再坚持阻敌四天四夜。

红军身后，自 4 月 29 日以来第一次响起了枪声。

石板河阻击战正式打响。为确保中央纵队渡江安全，五军团除以一个营掩护军委纵队渡江，主力全部续集于石板河、二道河一

①皎平渡金沙江北岸的船工纪念碑

②石板河阻击战遗址

线，准备阻击尾随而至的万耀煌部主力。

5 月 6 日，左、右两路渡江纵队分别向皎平渡口靠拢。当天午后，红三军团陆续赶到皎平渡口，其先头部队红十一团完成渡江。红一军团在得悉中革军委电令后，于第二天清晨分别从龙街、元谋抄小路迅速向皎平渡前进。同时，中革军委电令负责殿后的红五军团："五军团（缺一营）有继续掩护红军主力渡江的任务。明 7 号五军团主力仍留石板河地区，以两个营守二道河附近阵地，并抽出得力部队伪装主力先头南下，向万敌积极行动，逼敌展开，务阻该敌先头部队不得超过二道河以北，以便 8 号能继续阻敌于石板河、皎西之间，不得违误。"当天傍晚，万耀煌部主力已跟至禄劝团街以北的龙海塘一线。

5 月 7 日中午，红三军团全部收拢到皎平渡口，顺利完成渡江，快速向会理前进。提前完成渡江的红十一团继续沿金沙江北岸溯江而上，驱赶江北川敌，掩护南岸正顺江而下的红一军团迅速向皎平渡口靠拢。当晚，红一军团至汤郎志力渡宿营。鉴于红一军团尚未按时限赶到皎平渡口，中革军委当晚再度电令红五军团："必须用大力本日阻敌于石板河以南，保

皎平古渡红军洞

红军长征渡江纪念碑

持石板河于我手中。明8日阻敌于皎西以南，保持皎西、杉椤树于我手中，以掩护一军团后（卫）队于8日下午通过皎西，及你们自己于9日安全渡江。”

五军团以红三十九团主力隐伏于石板河小庙垭口丛林之中，派出警戒部队在二道河北岸设置阻击防线，安排红三十七团配合做二线交叉阻敌。上午7时，万耀煌所部先头部队别动队一个营，从二道河涉水而过，向五军团阻击阵地发起进攻，被红三十九团警戒部队击退。经几轮交火之后，敌方错误认定面对的是红军“小股掩护部队”，于是大举组织进攻，最终被五军团引至小庙垭口阻击圈

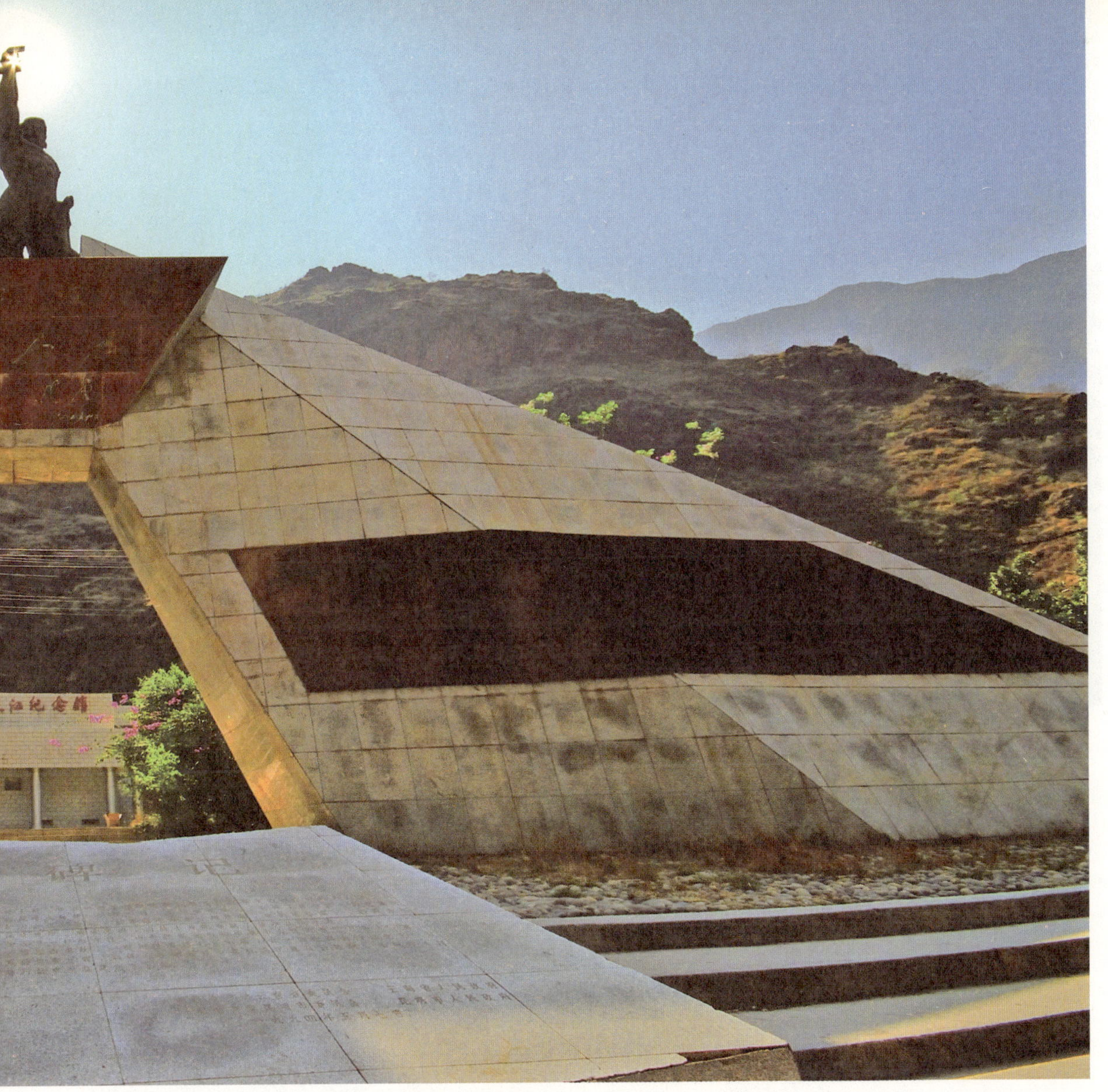

内，受到重创打击，一路溃逃至二道河南岸。

5 月 8 日，中革军委和红军总部一直留在金沙江边，等候迟迟没有赶到的一军团和负责殿后重任的五军团。一军团由元谋顺江而下行军的道路，是金沙江边最崎岖难行的路段，经过昼夜兼程急行军，一军团红一师于当日傍晚赶到皎平渡口，夜里 10 时开始渡江。红二师及军团部在红一师之侧后跟进，当夜进到新田地域，准备次日凌晨渡江。负责殿后重任的五军团，为防万耀煌所部主力追来，仍以一个营和团侦察排在坎邓阻敌。当日傍晚，得悉一军团已陆续赶到皎平渡口，能按原定计划顺利过江，五军团当即连夜撤出防区，向皎平渡口结集。

5月9日凌晨，一军团主力赶到皎平渡口，连夜渡江，至天明全部过江完毕。五军团于凌晨1时撤到江边，随一军团之后组织渡江，至傍晚时分全部过江完毕。

随着数声轰鸣巨响，红军炸毁了所有渡船。

至此，七天七夜，三万人马，在禄劝皎平渡，中央红军完成了一次与时间赛跑的大抢渡。

七天七夜，三路纵队，在禄劝皎平渡，中革军委完成了一场与空间较劲的大结集。

七天七夜，在金沙江皎平渡，作为诗人的毛泽东，用简易的地图和清晰的电文书写了一首与中国命运息息相关的旷古诗章：自古金沙水拍，而今云崖常暖。

八十多年前的红军壮举，不仅书写了中国革命史的壮丽篇章，还为禄劝人民留下了宝贵的财富。

为纪念红军抢渡金沙江这一重大历史事件和毛泽东、朱德、周恩来、刘伯承等老一辈无产阶级革命家的丰功伟绩，20世纪80年代中后期，云南省委、省政府把皎平渡列为云南省国情教育基地和

皎平渡毛公山

❶ 皎平渡架新桥

❷ 刘伯承之子、周恩来侄女在皎平渡将军石上留影

文物保护基地；1992 年，云南省委、省政府在皎平渡建造了红军渡江纪念碑和纪念馆。1991 年，随着皎平渡大桥的建成，这里真正成了连接川滇两省的咽喉要道。特别是近年来，红色旅游业蓬勃兴起，为经济社会的发展带来了前所未有的机遇。禄劝县委、县政府规划建设了占地一万余平方米的集旅游观光与革命传统教育为一体的皎平渡旅游小镇，并以红军长征渡江纪念馆及渡江广场为中心，建起了渡江路、旅游商店、宾馆、饭店等配套设施。

来到皎平渡，最美的景色在傍晚，喧嚣了一天的小镇慢慢安静下来，夕阳余晖中，安宁、祥和。远处的毛公山，伟人安详沉睡。此时此刻，凝神看深山峡谷中飞奔而来的江水，静心听江涛撞击江岸发出的震耳欲聋的吼声，一场惊天动地的渡江战役仿佛刚刚发生。伫立于江面的将军石，与对岸的红军洞遥遥相望，仿佛在倾诉、回忆那段金戈铁马的难忘岁月。如今，伟人已远去，而丰功，则已被载入光辉的史册，载入世世代代中华儿女的爱国情怀。

英雄花开普渡河

当木棉花又一次红遍普渡河峡谷，踏着中央红军的足迹，红军的另一支部队再度进入禄劝，用鲜血、用烈火、用崇高的理想和年轻的生命，为“三水一江”地涂上一片瑰丽的色彩。

说到长征过禄劝，载入中国革命史册的，除了 1935 年金沙江皎平渡七天七夜的渡江壮举，还有 1936 年普渡河铁索桥的惨烈战斗。

普渡河是金沙江的一级支流，也是金沙江在云南境内唯一流域面积超过 1 万平方公里以上的支流。源自嵩明梁王山，进入禄劝境内后，由南向北流把禄劝分割成东西两部，经崇德、翠华、九龙、中屏、乌蒙、雪山、则黑 7 个乡镇，最后在则黑乡小河坪子汇入金沙江，全长 364 公里，流域面积 11657 平方公里，其中在禄劝境内的流程为 125 公里，流域面积 5881 平方公里。

河流进入禄劝后，两岸谷深坡陡，水流湍急，凭借巨大的自然力，把流经的大山切割成深谷，是红军横越滇中北部的天险。龙云企图恃此险要阻止红军北渡金沙江，铁索桥战斗就此发生。

铁索桥在禄劝翠华乡境内的普渡河上，桥址原为渡口，由此向西可至禄劝、武定、楚雄，向东可达寻甸、巧家、东川、昭通，且为滇川商旅往来的必经之地，渡人最多，故名普渡。民国十六年（1927 年），县团总李开富筹款倡修。桥型为石座铁索梁架木板铺

普渡河铁索桥

面桥，桥身由8根铁索并列，铁索之上再铺木板，长36米，宽2米，西端有10米长的木结构引桥，全长46米。两岸悬崖壁立，河水奔腾咆哮，地势险要，是由寻甸通往金沙江边的重要通道。

1935年11月，根据中共中央军委的指示，贺龙、萧克、任弼时、关向应领导的红二、六军团17000多人，奉党中央北上抗日之命，从湘、鄂、川、黔革命根据地开始长征。1936年4月1日，两军团按计划分南北两路突进云南，在平彝（今富源）附近冲破了滇军防线，直趋滇中。4月6日，长征中的红二军团占领寻甸后，随即派四师为抢渡金沙江先头师，准备渡普渡河，计划沿中央红军进军路线直插皎平渡。4月8日凌晨到达普渡河铁索桥时，发现桥头通道已被滇军封锁，师部调

铁索桥红军烈士纪念碑

整了部署，做出佯夺铁索桥之势。红十二团、十团在距离渡桥 400 多米处的小河塘渡口涉水过河。拂晓，守敌发现渡河的红军，对过江红军进行阻击。随即，红军与守敌在翠华乡者广、音翁山一带发生激战。后因战局发生了变化，奉命重反河东与主力部队会合。

此时，与中央红军过禄劝相隔不到一年。

普渡河铁索桥战斗，虽歼敌一部，但同样付出惨重代价，共有 79 名红军战士壮烈牺牲，18 岁的四师政治部主任肖令彬献出了年轻的生命，永远长眠在普渡河畔的青山绿水间。

为了缅怀在这次战斗中牺牲的红二军团四师政治部主任肖令彬等 79 位革命先烈，1975 年 5 月 1 日，由当地党委、政府在普渡河铁索桥桥头建起了红军烈士纪念碑。1992 年，县委、县政府和云南大学社会考察团又在这里修建了红军烈士墓。如今，普渡河上的铁索桥，作为红军长征战斗的遗址，已被市、县人民政府公布为重点文物保护单位。曾经见证革命烽火硝烟的铁索桥，静静地横跨在普渡河上，它的旁边，已建起更加宽敞坚固的公路大桥。

魂归九龙金钟山

面对这苍翠的金钟山，对话历史，缅怀先烈，青山无言，洞穴无言，观者亦无言。金钟山上，丰碑永驻，青史长存。

红军过境，一个短暂的历史瞬间，却留下了浸心蚀骨的印迹，积淀成无尽的精神财富，关于红军的传说一直在禄劝民间流传。

禄劝东北部有条九龙河，九龙河与金沙江一脉相连。

九龙河畔有九龙山，九龙山群峰耸峙，山深林密，与彝族精神文化中的圣山轿子雪山遥相呼应。

九龙群峰中有金钟山，山下有溶洞，深不可测，当地称落水洞。在漫长的时光中，山与洞皆籍籍无名。

20 世纪 30 年代中期，因一群年轻生命在这里焕发出的灿烂光芒，这座山，这个洞，成就了不朽的名声。

1935 年 5 月，中国工农红军第一方面军红三军团长征过九龙时，有 17 位红军战士伤势严重，不能继续随军前行，因此留在当地村民家里。红军大部队走后，留在九龙养伤的红军战士王其英、王有龙、王正邦、朱光荣、傅光祥、卞邦有、林开心、朱汉生、彭光汉、刘礼堂、刘金山等 17 位同志不幸落入区长李瑞庭手中，被关进区公所的文昌宫。凶暴的地方武装在李瑞庭的指使下，对红军伤员进行严刑拷打，红军伤员旧伤未好又添新伤，但没有一个低头屈服。李瑞庭无可奈何，除留下十四五岁的卞邦友、林开心、彭光汉、朱汉生、刘礼堂 5 位小战士强迫当帮工外，将其余 12 位红军伤员全部处决。

5 月 6 日，李瑞庭带领乡丁把伤痕累累的红军伤员带出文昌宫，押往金钟山上。到了落水洞，李瑞庭命令乡丁把守洞口，一场惨无人道的屠杀就此上演。他们把 12 位红军战士押到洞口，乡丁用树杈把前面的王其英、王正邦、王有龙 3 位红军战士推下洞，接着又把傅光林、傅光祥 2 位用脚踢了下去。

看到前面的战友被敌人残害，共产党员朱光荣再也无法忍受了，转身对其他战友说："同志们，不要怕，我们有勇气自己跳下去！革命不怕死，怕死不革命！"随后高呼"共产党万岁！红军万岁"，纵身跳下洞中。后面的刘金山等 6 位红军战士也高呼着口号，先后跳下了落水洞。站在周围的乡丁，被红军战士的行动吓得目瞪口呆，不知所措。李瑞庭还唯恐红军战士不死，凶狠地逼着在场的人往洞里丢石头。

新中国成立后，寻禄新区人民政府在狗街（今九龙镇）惩治了杀害 12 位红军战士的凶手李瑞庭。为纪念为国献身的年轻英烈，当地群众把这个落水洞改名为红军洞。1973 年，政府在洞前修建了一座红军烈士纪念碑，以纪念牺牲在这里的 12 位红军战士。

金钟山残害红军一事，在二万五千里长征中，在以付出 2 万多生命为代价的革命征程里，或许它不是什么大事件，可是，对于那些长眠落水洞的个人生命来说，每个人一生只有一次，不会重来。

如今的金钟山，林木丰茂，安宁静谧。通体白色的红军烈士纪念碑安静地矗立在草坪上，建有钢管围栏的红军烈士

红军洞烈士纪念碑

洞位于纪念碑上方的缓坡上，洞口已长出荒草和灌木，走近了，看得见周围有未烧尽的纸钱，有未燃尽的香烛。想必这里经常有附近的村民前来祭奠，或许是感动于年轻战士的凛然无畏，替那些身在遥远家乡的亲人敬献哀思。

如果不是那些大大小小的纪念碑，不是纪念碑上细细碎碎的纪念文字，有谁会想到，在这春和日暖、安静美丽的金钟山，发生过如此血腥惨烈的一幕；有谁会知道，灌木丛生的落水洞里，长眠着12位红军战士年轻的生命。逝者安眠，唯愿后人的这一份默默哀悼和深深自省能给他们的在天之灵送去祝福和告慰。

当年留下的卞邦友、林开心、彭光汉、朱汉生、刘礼堂5位小战士，分散在当地的地主家做帮工，其中刘礼堂在王明清家当长工，后来在九龙的三江口定居成家，他有一个名字一直叫“小红军”，直到2005年去世。朱汉生在九龙王福加家当长工，其余卞邦友、林开心、彭光汉三人在李瑞庭家当了三年长工后，各自返回老家。

逝者长已矣，生者如斯夫。面对这苍翠的金钟山，对话历史，缅怀先烈，青山无言，洞穴无言，观者亦无言。

金钟山上，丰碑永驻，青史长存。

红军洞烈士纪念碑

傅朝向和九龙红军壁画

曾经的长工傅朝向早已不在人世，但他保存下来的红军壁画，已经成了一粒红色的革命火种，在禄劝的大地上永远燃烧。

80 多年前在九龙大木克村地主张有功家当长工的傅朝向，从没想过，自己的人生会跟革命有关系，会成为中国革命红色遗迹的见证者和保存者，他见证和保存的正是红三军团长征过禄劝九龙时留下的唯一证物——红军壁画。

傅朝向在 20 世纪 80 年代初回忆，红军到大木克的时间是农历三月二十九日下午（5 月 1 日）。听说红军要来，张有功就跑到山里躲起来。红军来到张家住下以后，有几个战士到了张家大房子的楼上，一个红军战士在木板壁上写下了一条大标语：工农暴动起来，打土豪分田地。另一位在墙壁上画了一幅画：一支武装的农民队伍高举着游击队的旗帜，押着一个地主游街。在一旁观看的红军战士齐声称赞画得好。画画的红军战士又提笔在画的左上方写上“工农暴动起来，实行打土豪分田地”几个大字。接着，他又在旁边的墙壁上画了一位威武的红军战士，高举斧头，砍向跪在前面的地主，在画的左上角写上“消灭地主阶级，反对富农剥削”几个大字。

第二天，红军队伍离开了木克村。地主张有功回到家中，看到楼上的标语和壁画，气急败坏地要傅朝向赶快找人把标语和壁画铲掉。傅朝向找来了村里的几个伙伴，用仙人掌汁涂在壁画和标语上，等干了以后又刷上石灰，标语和壁画得以完整保存下来。

红军壁画的发现很偶然。

留有红军壁画的这所地主的房子，在1954年收归公有后，建成木克小学。1956年的某一天，课间，靠墙坐着的一位学生发现身后墙壁上的石灰往下掉，于是叫老师来看。张正聪老师不仅看到墙上的石灰掉下来，还看见有字迹现出来。感到新奇的张老师当天放学后就询问住在楼下的村民，并了解到其中的真相。

第二天，张老师动员年龄大一点的学生找来工具，师生动手认真细致地将石灰层全部刮剥下来，整个墙壁上展现出了清晰明朗的五条红军标语和一幅宣传画。张老师发现壁画后，通过电话直接向县文教科汇报：木克小学发现了红军壁画，请上面快派人来。县文教科根据张老师的电话汇报，随即向禄劝县委宣传部、楚雄州委宣传部、省文物处报告。随后，省、州、县有关单位专家亲临木克村进行考察，认定它确属长征时期的红军壁画。省文物处一位女同志还说，这幅壁画与长征时黄镇同志的“长征画”艺术风格很相似，如此完整的红军壁画在我省还是第一次发现。

九龙木克红军壁画

这两幅宣传画和标语，是红军长征生活宝贵的片段记录，是珍贵的革命文物，也是艺术珍品。红军壁画构图完整饱满，造型朴实粗犷，线条简洁流畅。最难能可贵的是，红军战士用寥寥几笔，就勾画出了不同阶级、不同人物的身份和性格。如穿长袍、着短褂、头戴皮帽的地主，只在脸上画了一撇短须、一

副眼镜，便将地主阴险恐怖、诡计多端的性格刻画出来，令人一看就感到可憎。而手持红缨枪的农民，怒眉倒竖，昂首挺立，高呼口号，英雄形象跃然而出，给人强烈的艺术感染力。

此后，这所公房不再作为学校，而专门用于壁画保护，后来被立为县级文物保护单位。其中“云南工农们团结起来打土豪分田地”这幅红军标语，于1956年被上级征集，复制品陈列于中国革命军事博物馆。1988年这所公房做了屋顶补漏，后因壁画后墙稍有向外歪倾，市文管所又拨专款修缮，后墙用毛石支砌加固。“红军壁画”于当年申报为市级文物保护单位，1993年11月被列为省级文物保护单位。

曾经的长工傅朝向早已不在人世，但他保存下来的红军壁画，已经成了一粒红色的革命火种，在禄劝的大地上永远燃烧。

九龙木克红军壁画

白花石榴为谁开

禄劝汪家小院，也许是全中国最小的毛主席路居纪念馆。但在禄劝各族人民心目中，这座不起眼的农家小院，已演变成了一座永恒的精神长亭。

翠华，界牌，一个不起眼的小山村。

汪家院，一个不起眼的农家院落。

青石铺就的小院一角，一株不起眼的石榴树。

1935 年 5 月 1 日，一个不起眼的日子。

夕阳映着苍茫的群山，一个身材秀颀的人大踏步迈进这座不起眼的小院。院角，那棵平时不起眼的石榴花事正盛，红艳如火。整整半个世纪后，当这个湖南人在遥远的北京溘然长逝之时，这棵石榴突然反季开花，且一树如雪。从此以后，这棵石榴年年开花，年年如雪。

这个人，是中华人民共和国的开国领袖毛泽东。

这道小院，是禄劝翠华“毛主席长征路居旧址”。

灰瓦、白墙、红围，高大的柏树和石榴树从院子里伸出。

屋内，门板搭成的板床，缺角的八仙桌，古旧的衣帽、草鞋，以及桌上的旧马灯再现了历史的模样。

1935 年，红一方面军在经过四渡赤水、南渡乌江后，于 4 月下旬进入云南境内。4 月 29 日，军委纵队和五军团从寻甸

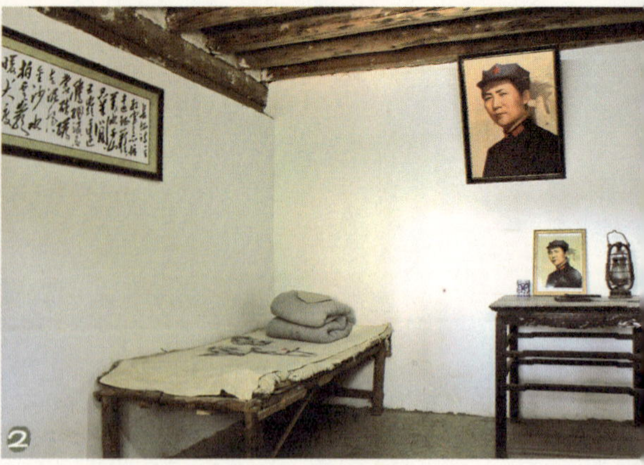

柯渡出发，经禄劝，向川滇交界的金沙江奔袭。5 月 1 日，毛泽东、周恩来、朱德等中央领导人到达禄劝翠华，在界牌村宿营，毛泽东就在一个汪姓老乡家里住宿和办公。

那一夜，屋内的电报声响至深夜，毛泽东、周恩来、朱德等中央领导同志在这间屋子里详细安排了抢渡金沙江的每一个细节，整个坝子都是露宿的红军。

1977 年，在进行红军长征历史、实物、遗迹调查时，由楚雄彝族自治州人民政府出资，禄劝县委宣传部和翠华公社承建，另外选址建盖了三间瓦房给汪姓老乡居住，把原来的三间老屋重新修缮后，建成毛主席长征路居旧址。

小屋长留领袖迹，大风永奏凯旋歌。

修葺一新的毛主席长征路居旧址先后被列为县、州（市）、省三级文物保护单位，昆明地区“两史一情”教育基地和“云南省爱国主义教育基地”。

禄劝汪家小院，也许是全中国最小的毛主席路居纪念馆。但在禄劝各族人民心目中，这座不起眼的农家小院，已演变成了一座永恒的精神长亭。

❶ 翠华毛主席路居纪念馆

❷ 翠华毛主席长征路居旧址房间

战马拴在杉乐村

从渡江先遣队先期抵达，到红五军团三十七团后卫撤离，整整七天七夜，古老的杉乐树见证了红军巧渡金沙江这一中国革命史上的伟大奇迹。

禄劝多山，山高林密；多水，峡深涧长。林泉岩壑中，杉乐树是最常见的树种，高大挺拔，经霜耐雪。彝山苗寨多有以树立名的村落。在红军长征的漫漫征途中，所遇村落无以数计，但以杉乐树命名的村庄，可能绝无仅有。

禄劝的杉乐村是从皎平渡集镇通往渡口的必经之地，自古便是连接川滇的要道。山势从这里一泻而下，直达皎平古渡口。杉乐村的滇蜀古驿道上，有一株古老的杉乐树，因红军长征经过时在此休息，毛泽东、周恩来、朱德等领导人曾将战马拴于此树，后被称为“将军树”。

1935 年 5 月初，正是皎西坝子莺飞草长、豆青麦黄的时节，勤劳的庄稼人，正规划着一年的生计。“说来也怪啊，听老人讲，头年的这个时候，从石板河到杉乐街，密密麻麻的小飞蛾硬是顺着坝子整整飞了三天。”永善大村的几位老人至今还记忆犹新，“现在看来，还真是应验了，红军经过的路就是小飞蛾飞过的路。区公所乡丁在红军来之前就进村来撵人，要村民把粮食、牲口都藏到山上，人也要躲起来，要不然被‘红毛鬼’抓着是要砍头的，我们记事不深，被大人带到山上躲着去了……”

尽管在那个风雨飘摇的年代发生的事件很多，但记住的却少。然而，这么多红军部队经过村庄的事，却深深地印在一代人的脑海里。

那个时候的杉乐村，只有十来户人家，那棵杉乐树在村子中央，给村民遮日纳凉，甚至连村名都是因树而得的。

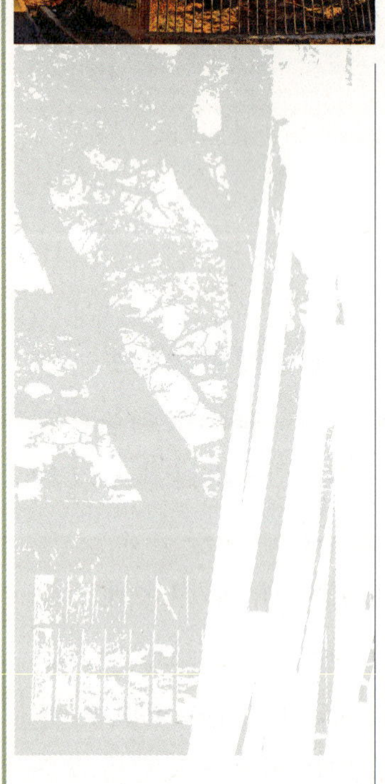

红军拴马树（杉乐村杉乐树）

刘伯承总参谋长率领渡江先遣队到达这里时，杉乐树枝繁叶茂、翠绿婆娑，战马拴在这里，等待张明远率领的5人侦察小组进皎西区公所寻获情报。因为干部团肖应棠的五连还没赶到，身边也只有警卫营一个连的人，赶了整整一天一夜的路，细算一下有140多里，大家都很疲乏，正好休整一下。

渡江先遣队当天成功抢占渡口，并陆续过江且前进15里警戒。当天下午，中央纵队行进至翠华宿营，次日凌晨出发向团街、石板河进发。当晚在石板河稍作休整后，毛泽东、朱德、周恩来等随干部团后续部队抵达杉乐村。在杉乐树下，听完先遣队攻占通安镇情况和纵队渡江情况汇报后，朱德将战马拴在树下，走到村头，看着部队沿着一条陡峭狭窄的小路下山，一眼看不到头，返回杉乐树下，铺开地图研究下山方案。从杉乐树下去到皎平渡口近40里都是山路，宽处也只容两人并行，马是不能骑了，担架下去也很难，走得动的伤员都要下来，扶着走。另外，各梯队各营都要组织学习《渡江守则》，刘伯承、陈云正在渡口指挥上船，要确保有秩序地渡江，杜绝一切事故。说完，收起地图，解开马缰，随着大队人马向渡口进发。

从渡江先遣队先期抵达，到红五军团三十七团后卫撤离，整整七天七夜，古老的杉乐树见证了红军巧渡金沙江这一中国革命史上的伟大奇迹。

最后一位老船工

皎平渡口正对面四川会理一侧的江岸上，静静地竖立着一块纪念碑，上面刻写着“共和国不会忘记帮助中国工农红军渡江的三十七位船工”的楷书字体。这一块石碑，记录着每一个船工的名字，张朝满便是其中的一位。对于红军渡江的情况，在 2006 年他去世前，曾经有一些零星的回忆。

你走了，当时光碾过一圈圈的年轮，定格在九十二这个数字上时。

你沉静的目光渐渐涣散，你温和的眼神逐渐迷离，耳边江水的轰鸣，遥远而微弱。一丝淡笑绽放在你干瘪的嘴角，你的视线里，出现了一群又一群的人。他们穿着灰色的布衣，戴着灰色的布帽，布帽上缀着红色的五角星。他们扛着枪，唱着歌，迎着你走来。你们还要渡江吗？你听见了自己说话的声音，像年轻时一样圆润。是啊，我们不会划船，谢谢你，老乡。然后，你看见了那些和你一样年轻的脸上，绽放着笑容，那是你从来没有见过的舒心和幸福。他们粗糙的脚手，他们放到你手里的衣服和干粮，让你明白，这是穷人自己的军队。他们对你的热情和友善，他们对你的尊重和亲近，让你第一次知道了，自己是个真正的人。你没有流泪。你把所有的感动和感激，凝聚成了江水一样滔滔不绝的力量。你把这些力量，倾注在手里的船桨上，摇着，摇着，努力，努力……在你的身上流淌着的，是热血男儿的激情，心里燃烧的，是由良知焕发出的

坚韧的毅力。沉重的船桨，在你的手里，紧握了七天七夜……

当汗珠像春天的溪流，在你的周身纵情流淌时，你并没有意识到，你的长满老茧的手，将会完成一次惊天动地的壮举。在你的心里，漫溢着对这些疲惫而坚强的人的同情和敬意时，你也没有想到，你的名字，将会同中国的革命史连在一起。

我来了，你的喉咙里发出了一点轻响，等等我。然后，你看见自己融进了那些唱歌的人流里。你的脸依然年轻，你的身子，轻灵如攀爬绝壁的猿。你嘴角边的淡笑变成了一线叹息，感觉到了如放下千斤重担的轻松惬意。

你走了，斩断红尘，拿着你的船桨，追赶那群渡江的人。

一滴泪，是否挂在你堆满皱纹的眼角，我无从知晓，但那份对崇高的向往，对逝去英雄的怀念，会像春天的种子，在我们每个热爱和平和团结的人心里萌芽、生根、成长，直至长成参天大树。

我猜想，你身居金沙江边，观赏过盛放如火焰的木棉花，那是被人们誉为英雄的花，火红的花朵，显出的是男儿奔涌的血色。无数的诗人，把真诚的赞美献给了它。今天，我把你当作一株伫立在绝壁上的木棉，带着我最崇高的敬意，瞻仰你用热血和坚韧催开的花朵。即使，只是短暂的盛放，即使，只是一瞬间的辉煌，但它耀眼的光芒，划穿茫茫宇宙，千年之后，依然会让无数的男儿，热血沸腾！

我来看望过你。穿过铺着碎石的小径，在江水撞击巨石的轰响声里，走进你的小院。你安静地坐在椅子上，像一位慈祥的爷爷。你的蓝色的衣服，是我司空见惯的大多数上年纪的农村老人，都会穿着的中山装，而你的瘦削的身子，却挺拔如一棵屹立千年的古松。面对频

频来访的客人，你表现出的，是看透世事的宽容和大度。那是一种历经沧桑的宁静和淡定，也是一种爷爷对顽皮子孙的纵容和不以为然。只是，在你温和的眼神里，我还是看见了一丝不易觉察的，一闪而逝的无奈和烦躁。我知道，如果可以，你更愿意站在江边，看蔚蓝的天空，看两岸的悬崖峭壁，看那块红军首长站立着指挥渡江的大石……

我想象着，在明亮的阳光里，你站在宽阔的大桥头，迎着灼人的热风，挺着瘦削的身子。你深沉的目光，缓缓移到江的对岸，那里有几孔低矮的窑洞，那个温和而高大的伟人，曾经住在里面，思考着一个个关于中华民族生死存亡的问题，发布着一道道渡江作战的密令。你的满含敬意和怀念的视线，久久停留在那些窑洞前，那个早已逝去的伟人，他曾经像一座山一样，挺立在你的船头。他的温和而睿智的目光，扫过你的破旧的衣服，他亲切的声音，像一首动听的音乐，弹响在你的耳畔：我们还会回来，给你们分田地，让你们过好日子！

我们的日子，越来越好了。我似乎听见了你的喃喃声，你的眼角，漾起一阵满足的笑意。窑洞附近人来人往，一直很热闹。来这里游玩瞻仰的人络绎不绝，操着各种口音，穿着的衣服千奇百怪。他们脸上的表情，肃穆，沉静。你想起七十年

❶ 20 世纪 70 年代的老船工张朝满

❷ 九十岁时的老船工张朝满

前的那漫长而短暂的七天七夜，想起了那些帽子上缀着红色五角星的孩子，他们的笑脸，在你的回忆里盛放如最美的毛兰。七十年前的笑容和七十年后的肃穆逐渐交叠，填满时空的，是一种精神、一种信念、一种追求、一种担当、一种良知、一种责任。你的眼角湿了，在这个交叠的过程中，你完成的是一种传递，就像当年你和你那三十六个伙伴做的一样，用木船把无数的红军，送到对岸。在这个交叠的过程中，你代表的，还是一种选择。机遇选择了你，你选择的，是男儿的血性、民族的良知。

你选择了红军，历史选择了共产党。历史的画卷，就在不断的选择中，逐渐变厚。

❶船工陈月清故居

❷20 世纪 90 年代中期的老船工张朝满（左一）、陈月清

坐在你面前的沙发上，我激动了。就是这副瘦削的身子，像铁打一样的坚韧，七天七夜没有睡觉，把几万红军渡过金沙江的吗？就是这个神态平静的老人，在完成了举世瞩目的壮举之后，一直没有走出这个渡口，过着日出而作、日落而息的生活的吗？如同一朵最艳丽的木棉花，积攒了所有的力量，只为了一瞬间的盛放。然后，在最灿烂的时候，沉寂。没有要走出寂寥渡口的欲望，也没有向党和政府要官要钱的低劣，面对生活，你一直在选择，高举的，依然是崇高和淡泊。我只是做了自己该做的事情，党和政府给我的，已经太多了，我吃穿不愁，身体健康。你几乎都在重复这句话。我的眼角湿了。你采取了对繁华尘世的疏离，对功名利禄的远避。淳朴像一面旗帜，飘扬在你蔚蓝的天空。男儿本色，侠义英豪，我把所有美丽的词语，想要奉献给你，可你，依然像一株木棉，只是用自己的挺拔，来昭示自己的内涵。那消逝在时空隧道里的七天七夜，是一个传说、一个神话，讲述的，是你生命行程里的绝响！

我走出了你的小院，我带走了一直想要寻觅的东西。我没有回头看你。

你走了，缓缓呼出了最后一口气，安详地合上了双眼。时光带走了你的躯体，但却留下了你的灵魂。

无数的人，一群又一群，他们从遥远的地方走来。悬崖峭壁，江水滔滔，盛开在绝顶的那朵，是否就是他们要寻觅的东西？

风景这边独好

禄劝一直以神秘色彩示人，一直以山水性格喻己，一直以山水文化传承。秘境一经打开，风景这边独好；性格一经定型，自然成为符号；文化传承不断，家园自然生根。神秘的轿子雪山是一座自然之山、历史之山、文化之山，数百年来，见证了云南历史的特定走向，成为文人雅士歌咏不绝的神峰名山。清甜的掌鸠河水是可以用瓢舀着喝的甘霖，清泉百里送“春城”，是自然回馈人类的最好说明，是美美与共的最好佐证。在禄劝的山水间，永远沉淀着一种亲近土地的虔诚，永远传承着一种自力更生的信念，所以，红旗山才会因“三线”建设进了中国国防秘档，风帽岭才会把杜鹃山花开成“山巅之海”，秘乐谷也才会正正当当地成为你的山水“情人”。

天下最大的花轿

昆明最高处，滇中第一峰；山水自不言，雅者不其歌。一直以来，轿子雪山以奇峰、秀水、冰雪、杜鹃、冷杉、云海、佛光共同组成了天然“七绝”。自然风光和历史文化的相得益彰，让其成为云南旅游的新走向，南国“春城”的新高度。

中国云南，神奇的山水有很多。

天下最大的“花轿”在云南，是很多人不晓得的一件事。天下最大的“花轿”居然会是一座海拔4223米的雪山，这份神奇，已经超越了山水本身。花轿不抬新娘，花轿里抬的是一对双宿又飞的小红雀，才是这座雪山的神奇之处。

此山，名叫轿子雪山。

轿子雪山，位于昆明市东北部，距昆明城区167公里，海拔4223米，为滇中最高峰。由于特殊的地质地貌，其山势逶迤，树木葱茏，远望宛如一顶置于万花丛中的轿子而得名。轿子雪山为乌蒙山山系拱王山脉余脉。历史上，此山因“常有云气蒙蒙、乌暗不辨”而称为乌蒙山、云弄山，因“彤云斐玮、甘露凝丹”而得名绛云露山，因“山为神物所潜，不敢狎至”而称为乌龙山、云龙山；当地群众则以山势险绝，“四时积雪，素练悬空”而称之为老雪山。

唐德宗兴元元年（784年），蒙氏王滇，僭封其政治势力范围内的名山大川为“五岳四渎”，经过禄劝境内的金沙江名列四渎之一，而轿子雪山则封为东岳，与大理点苍山、保山高黎贡山、丽江

❶ 轿子山顶

❷ 轿子山天池——蓝色传说

玉龙雪山、景东无量山等名山比肩并列，且居五岳之首，“雄冠诸山”。

在中国的政治文化史上，僭岳封渎历来是一件惊天动地的大事。异牟寻在云南的僭岳封渎，正是云南地方发展史上的一个重大事件。异牟寻是云南历史上知名的政治铁腕人物。唐开元末期，一统云南的南诏政权成为唐王朝稳定西南边疆的重要力量，其政治、军事领袖皮逻阁被唐王朝封为“云南王”，官阶特晋正二品。至天宝年间，由于唐玄宗“蛮夷相攻，中国大利”的错误统治主导意识，南诏与唐王朝交恶，转而寻求雪域高原的吐蕃势力庇护，皮逻阁之子阁罗凤被吐蕃王朝册封为“赞普钟南国大诏”，形式上与吐蕃为“兄弟之国”。唐大历

雪山冰瀑图易家宝——大冰瀑

打造继而走出“春城”视野，跨越滇中大地，牵动世界目光。

玉山万仞晃波光，袅袅仙湖天际藏。
积素经年寒百日，凝华七月凌青霜。
蚕丛北望低邛首，滇柱东标并点苍。
自是汉唐云雾窟，漫劳蒙氏僭封章。

清初禄劝文人杨泽先的一首《惠湖积雪》，实为描写惠湖风光文学韵味最精彩的诗章之一。杨泽先将轿子雪山的惠湖美景与滇柱东标的历史典源水乳交融，一湖成就了一座山，一湖凝聚了众仙家，一湖藏尽了大集美，从而得以成为众多歌咏轿子雪山诗歌词赋中的翘楚。

说起轿子雪山的文化传承，不能不提到的另一个雅士——境内彝族知识分子张仕敬。其人生于斯长于斯，是一个土生土

轿子山晚霞

长的禄劝人。清康熙庚子科武举，屡著战功，官至都司佥书。他一生酷爱轿子雪山，以武功成名并功成名就之后，晚年隐居于轿子雪山下，以山为名号，时人称之为张雪山。其著述结集为《雪山集》。张仕敬作为禄劝境内最早歌咏轿子雪山美景的本地人，以其《雪山集》《雪山说》等诗文，为我们揭开了轿子雪山神秘的过往，抒写了人与自然美美与共的精彩华章。其笔下，轿子雪山是神秘的，是灵动的，亦是鲜活的。山含百韵，烟笼千峰，猿猴相嬉，熊罴互逐。那是一片何等神奇的天地。“一峰天作柱，万仞雪为衣。镇北神仙在，摩霄足迹稀。钟灵成物秀，挺异接空巍。白玉完全体，云开见日晖。”那是一幅何等空灵的画卷。张氏以其一生言雪山，穷其笔力写雪山，托体山阿祭雪山，时至今日，人们对轿子雪山的描述，仍未能走出张氏之视野。

禄劝本地人喜爱轿子雪山，这不奇怪，然而外地宦游者亦喜爱轿子雪山，这就有些奇特了。与张仕敬、杨泽先同时代又稍其后的

惠湖夕阳图

禄劝知县檀萃，是又一位倾心轿子雪山美景的知名学者和官方政要。檀萃历滇数十年，著述等身，任禄劝知县期间，以境内秀美山水为题材，创作了大量优美的游记散文，现存18篇。以考证轿子雪山历史典源及描绘其神秘景观的《蒙岳记》，被列为地方史志《农部琐录·山水》的开篇之作，足见其影响和地位。

山水自不言，雅者为其歌。
歌不尽情处，还待山水语。

自明末清初以来，一批又一批的文人雅士走向了轿子雪山，去游历，去考证，去发现，去歌咏，用自己的笔墨和心得凝聚起走向自然、敢登高峰的魄力勇气，搭建起轿子雪山滇柱东标、绝世卓立的历史文化脉络。而今，现代社会喧嚣躁动下的人们，开始越来越感觉到自然的珍贵，人与山水和谐共生的

理念日渐深入人心。时下，更多的学者开始重视轿子雪山历史文化的研究，更多的人涌向了轿子雪山，沉寂千年的山终于醒来，变得热闹，亦变得深邃。

此间，山水是桥梁，文化则是纽带。

一直以来，奇峰、秀水、冰雪、杜鹃、冷杉、云海、佛光共同组成了轿子雪山的天然“七绝”。春日入山，可观杜鹃花海奇观；盛夏前往，可赏瀑布浣山丽景；秋季应约，可赴云雾众仙大会；冬季登临，可看绝世冰雪美景。不论什么季节、什么时候登临轿子雪山，那摄人魂魄的美都会让登临者获得最为彻底也最为极致的心灵净化。“鸢飞戾天者，望峰息心。经纶世务者，窥谷忘返。”正是登临者的内心写照。

朋自远方来，君临轿子山。穷尽毕生力，唯求一心得。

前往轿子雪山，游人必看的十个核心景观分别是惠湖积雪、雪山冰瀑、神仙草甸、杜鹃花海、原始冷杉、傲骨神林、无语花溪、神仙坝美、一线天梯和轿顶神峰。

惠湖位于轿子雪山主峰轿子峰西边，是轿子雪山景区的核心部分，也是整座山的灵魂所在。海拔 4100 米左右的惠湖景区内，有着一系列冰雪融化而汇集成的高山湖泊，水域面积较大的三个湖泊

雪映杜鹃

是大海、小海、木梆海。大海又称天池，因此湖袅袅娜娜，深藏天际，并具种种神秘灵性而称之为惠袅湖或惠湖。小海位于惠湖北面的神仙坝，在惠湖景区东北侧岩头之上，木梆海则与惠湖相邻，共同成为惠湖景区的姊妹湖。

惠湖景处绝域，人迹罕至，加之海拔高达4100米，致使周边气候异常恶劣，晦明阴晴瞬息万变，难以捉摸。因此，在当地群众心目中，惠湖千百年来就是一个灵异神秘的所在。“神龙怒降鸡蛋雹”“玉帝临湖宴众仙”“红雀护池衔飞叶”等众多神话传说，更为惠湖增添了无限的神秘色彩。诗云：“晦明变化神器潜，千古茫茫谁到此？”“玉山万仞晃波光，袅袅仙湖天际藏。”惠湖四时皆美景，但最吸引人的应是“惠湖积雪”之景。夏秋时节，湖水清冽，澄碧如镜，四周绿树掩映，蓝天白云倒映其间，惠湖恰如一幅雅致的山水画小品。隆冬时节，群山肃穆，湖水被冰雪封冻，此时的惠湖成了一个天然的溜冰舞场。惠湖，作为曾经入史列志的“禄劝八景”之一，作为轿子雪山的灵魂所在，作为现今的旅游核心景区，不论从哪一个方面说，都配得上“雪山明珠”这一美誉。她的清澈，她的纯净，她的圣洁，她的千年守身如玉，可以照彻万千游客的心灵，可以洗净世人内心的尘埃。

当然，还有两个秘密得告诉你。

身在轿子雪山之巅，驻足惠湖之畔，喝酒不会醉，肉块特别香，人影特别美。此为其一。

若是运气好，心态好，你抑或真能够遇到湖边那对灵异的小红雀。当有落叶飘落湖间，小红雀就会翩然而至，在你尚未看清之时，早将落叶衔进口中，飞离湖面，闪进林间。此时，湖是安静的，人亦是安静的。若是未能遇上这对小红雀，大可不必懊恼，还可临湖许愿，择机补救。只要你掬起一捧湖中清水，直接喝下去，将手指上的水珠轻抹

轿子山花海

于眉心，当夜定能梦见那对灵异的小红雀。抹一次眉心，梦两只，抹两次眉心，梦两回，若是抹了多次，则会梦见数不清的漫天小红雀。此为其二。

但有一点得声明清楚，入你梦里的小红雀，从不鸣叫，亦是安静的。

从惠湖流出的清澈的溪流，滋润着一片神奇的雪山草甸。

雪山草甸，乃轿子雪山“七绝”之一。这是历经千百年才形成的难得一见的独特奇观。春夏之间，草甸一片葱绿，郁郁青青；深秋时节，草甸匍匐联袂，一片金黄；入冬之后，草甸枯而不死，再育生命。千万个草甸同一模样，一簇簇，一丛丛，排列整齐有序，颇有“沙场秋点兵”的豪迈气概。遇有浓雾之时，则是另一幅神奇仙境。每个草甸之上，似乎都坐着

一个神仙，或峨冠端坐，或静默沉思，或倾身互语，亦如众仙聚会。一经云开雾散，待你走近那片草甸，择地而坐，每一个草甸上似乎都还有着余温。守得云开雾霁时，一沾仙气即为仙，所以说，在轿子雪山深处，飞天成仙是一件极为简单的事情。

在南国，雪很少见。

“春城”昆明，雪显得更加珍贵。

前往轿子雪山，无数的游人是冲着一片雪域而去的。千里冰封，群山寂静，夏日喧嚣不歇的飞瀑在冬日里被凝固、被定型，形成了形形色色奇妙无比的冰瀑。冰瀑依山而起，晶莹剔透，形态各异，气势磅礴，如一幅幅巨型的汉白玉雕塑，又如一根根擎天玉柱。晴日里，银装素裹，更增添了雪山的冷艳与圣洁。北国特有的冰雪奇景，能在南国出现，怎能不让游览者倍感惊艳！

杜鹃花海是轿子雪山的又一核心景观。

上万亩杜鹃花从山脚绵延而上直至山顶，种类繁多，花色各异。由于受立体气候影响，入春以后，山脚杜鹃百花争妍，热闹非凡；山腰杜鹃次第开放，一片嫣然；山顶杜鹃含苞待放，葱郁无边。层层而上的各色杜鹃，此谢彼开，经久不败。

1 轿子山花之恋

2 轿子山冷杉

每年3月至6月间，是杜鹃花的盛开期，漫山遍野的杜鹃花仪态万千，风情万种，或古朴挺拔，或清秀俊雅；或素淡无华，或鲜艳夺目；或坚实壮硕，或娇小玲珑。满山的杜鹃树型各异，花色繁多，置身花海，美不胜收，令人目不暇接，天下最大的“花轿”，始得其名，有了依托。

轿子雪山众多神奇景观中，傲骨神林显得最为另类，最为撼人魂魄。

轿子雪山北坡有一片神奇的枯树林，大片干枯的树木造型各异，历经岁月的剥蚀却死而不腐，人们称之为“傲骨林”。五百年不死，五百年不倒，五百年不腐。屈曲的枝干，匍匐的身躯，仿佛在向人们昭示：敢同岁月抗争的生命才是最顽强的生命。走进“傲骨林”，仿佛走入一个古战场，让人产生金戈铁马、气吞万里的豪迈。每一棵倒下的枯木，都能让人深深感受到生命的震撼。我们有理由相信“傲骨林”一定是有生命的：它是一座博物馆，无声地向人们讲述着轿子雪山千百年来的沧桑变

轿子雪山

化；它是一部植物史，记录着高海拔地区植物面对恶劣自然环境的不屈意志，诉说着滇中神山树木荣枯的所有过往。

如果说轿子雪山景观多以神奇附身而变得鲜活的话，花溪，则是一个例外。

在中国传统文化深处，溪，本来就是美的象征，而将一条溪冠之以“花溪”，这是何等的诗意、何等的自信。从富有诗意的名字中，我们不难想象到一条繁花掩映流水潺潺的山溪，能够带给人们的心灵快感。花溪的流水源自轿子雪山天池，常年清冽，不染尘埃。每年 3 月至 6 月间，花溪两岸，繁花似锦，大片大片的杜鹃花争奇斗艳，经久不谢；冰封时节，花溪则成了一条山间白练，冰清玉洁，晶莹剔透，藏了落红，却难掩嫣然。

1

一线天，顾名思义，轿子雪山最险绝的景观所在。身临其境，仰视苍穹，叫“天梯”更为恰当。

这里是登临轿子雪山必经的两条线路之一。屏息仰望，壁立千仞，头顶只有窄窄的一线天空。要在这海拔 4000 多米的地方，就着陡峭的“天梯”登上山顶，对登山者的意志和勇气是一种考验。懦弱者往往会在此消遁了登山的勇气，行百里而半九十，故而再也领略不到山顶的绝美胜景。一旦艰难越过“天梯”，眼前便豁然开朗：湛蓝如洗的天空，清新纯净的空气，屈如虬龙的松柏，遍地松软的苔藓，清香怡人的雪茶，一切都让游人应接不暇。

道至尽头脚成路，山登绝顶我为峰。

站在高高的轿子雪山之巅，这是“4223”高度之上的你，这是昆明“春城之巅”的你，放眼眺望，无须想象，任何人都是诗者。澄碧的天空

下，汹涌的云海中，苍莽的乌蒙山群峰如腾越起舞的长龙，又如明灭可见的仙岛；更远处，千山万壑，层层叠叠，如海中涌浪，绵延不绝。“4223”高度之上的你，揽云入怀，离天更近，体会到的是一种战胜自然、战胜自我的欣喜，收获的是一种正视自己、超然物外的释然。

轿子雪山，因自然造化而卓然独立。

因“滇柱东标”而入史列志。

因天下人观而名扬天下。

但有一条自然法则永远存在：志不坚，无以立此山；心不洁，无以面此雪！

❶ 轿子山五月飞花

❷ 傲骨林一角

雪山草甸

捧着清泉约“情人”，想禄劝！

掌鸠河是一条极普通的河，是禄劝的“母亲河”。禄劝最早的城池筑于其畔，昆明最大的饮水工程建于其间，西南彝文化最绚烂的篇章与其关联，故而，“云龙湖”、火期山、秘乐谷、掌鸠水，自会成为特定符号和情感驿站。

禄劝云龙，本不叫龙，也没有龙。

云龙，古称“以鲁”，彝语释义为“有水围着的城”。宋淳熙年间称“易笼”“易龙”。清光绪三十四年（1908 年），境内彝族诗人鲁大宗改“易龙”为“云龙”，沿用至今。

禄劝云龙，很耐人读。

向来认为，云龙一地是发思古幽情的好去处。每次前往云龙，总有一个癖好，会随手记录下一些东西。时间一长，关于云龙的整体印象不断丰富起来。火期村农家醇香的米酒，阿高咪村头响亮的瀑布，水城河里起苔的石块，以资村边金黄的菜花，安则河里成群的鱼虾，成为我们摄影、作画、撰文、说史的重要素材。素材之中，核心是幸邱山和云龙河。

在云龙这块古老厚实的土地之上，曾经演绎过罗婺部族开疆拓土的壮举，呈现过彝酋阿而金戈铁马的传奇，风光过凤氏土司“兼治全滇”的伟业。故而，在彝学界的课题研究中，云龙一直是个热点，没有一时一刻寂寞过。

云南省地方志办公室主任、研究员宁超曾经感叹：每每读到凤氏土司这一段云南地方历史时，惊讶这块在偌大云南省只僻处一隅的小地方，竟然在历史上演出轰动朝野的话剧。这是需要历史学家认真研究的一个问题。话虽不多，却振聋发聩。这个评价是准确而中肯的，同时，带着史学界对云南民族史研究的殷切寄望，对禄劝民族文化的真诚叮咛。

史志专家同样在发思古之幽情，只是他们的审视角度更加高远。

而我们一般大众，眼中只有纯粹的山水。

自唐以降，发源于云龙幸邱山的罗婺部，历经数代传承，经济、军事实力渐渐强大，成为滇中、滇东、滇北乌蛮三十七部中实力最为强大的部族，号称“雄冠三十七部”。对此，有两条重要的史料可以佐证。

一是罗婺部族首领阿而有了分封的权力。《元史·地理志》：“蒙氏时，白蛮据其地，至段氏以乌蛮阿而并吞诸蛮聚落三十余处，分兄弟子侄治之，皆隶罗婺部。”此史料清楚地表明，罗婺首领阿而已成为有分封权力的封建领主，其统辖之地正不断伴随着“并吞诸蛮聚落”的进程而迅速扩张。

二是罗婺部族首领阿而有了筑城的实力。《禄劝县志》载：“禄劝早无城，自宋淳熙年间段氏使乌蛮阿而治其地，筑易笼城，禄劝境内之有城始此。”由此可知，由于罗婺部政治、军事、经济实力的不断扩大，经营了数十代的幸邱山，已远远适应不了作为一个强大部族的政治中心，于是阿而将目光转向了更为开阔的河套平地，离开幸邱山，选定交通更为方便，三面临水，易于防守的河套平地修筑易龙城，为罗婺大酋居所，群酋亦汇集于此。修筑易龙城，实则表现出凤氏祖先阿而独到的政治眼光。扎根幸邱山顶的罗婺古寨，毕竟只是被动防御的天险屏障，伴随着罗婺部综合实力的不断提升，主动出击成为一种必然的选择。在当时的条件下，重新修筑一座坚固的城池是一件很困难的事。首先，要以巨大的经济实力作基础。其次，离不开深厚的政治背景做支撑。阿而最终顺利完成易龙城的修筑，同样从另一个侧面表明罗婺部实力

的强大。

禄劝云龙，很经得起看。

此间山水之美，美在“松涛并水涛”的天然大美。清代著名彝族诗人鲁大宗，是一位对云龙山水了解得最透彻的大师。回顾鲁氏一生，“万里叩阍”“金榜题名”“云开雁路”“青云无路”“置笔高阁”“劝学农桑”“诗章刻板”“隐归故里”，文人该有的荣光和苦难，在他的身上一样不少。晚年老归故园的鲁大宗，于幸邱山下的火期村里做成了两件大事。为自己那爿简陋的茅篱取了个非常雅致的书斋名号：“听涛轩”；为自己那个叫着很是别扭的家园改了个极富诗意的名字：改“夷笼”为“云龙”。

书斋取名，是小事，是自家事。家园异呼，是大事，是民众

事。但在禄劝文化史上，两件事情却经过鲁大宗的文笔自自然然地融合在了一起，融合得如此写意，又如此不着痕迹。

侧耳轩前听，松涛并水涛。
窗明灯影瘦，夜静月轮高。
鹤梦栖常稳，龙吟定不嚣。
秋宵无所事，杯酒助诗豪。
徒倚东轩下，凭谁话寂寥。
机心尢可定，诗癖总难消。
露气滋红菊，风声拂翠蕉。
随时成好趣，歌咏自超超。

从诗人《听涛轩秋夜即景》一诗中，可以清晰地看到恬静归隐的安然心情，也能明显感受到“松涛并水涛”的云龙山水之美，何等超凡脱俗，又何等清丽怡人。大凡能激起诗兴的地方，定然有着其特定的山水依托和情感缘由，而这个依托就是雄掣云天的幸邱山、涛声撩人的云利谷、碧波轻荡的云龙河、鸡鸣犬吠的云龙城。

清乾隆年间禄劝知县檀萃，在知任禄劝期间，作为地方官吏，“兴学劝农，政声大著”；作为山水歌者，“博极群书，纵情山水”，写就无数清新隽永的山水诗章，其中，就有对云龙的快意抒怀：

一弯玉带白云轻，
二水夷笼绕古城。
最爱春风秋月夜，
竹篱茅舍读书声。

禄劝云龙，很让人容易感伤。

云海

一个本没有湖亦不叫湖的地方，曾因罗婺文明成为享誉云南民族史学研究领域的文化宝库，如今，却凭着一个水库、万顷清波维系余晖。云龙修建水库，美称“千岛湖”，捧送山泉水，解渴昆明城，前前后后也就是二十年间的事。

为解决春城昆明的“饮水之困”“世纪之渴”，1999 年 12 月 19 日，云南省最大的调水工程——掌鸠河引水供水工程正式开工建设。历经 5 年建设周期，2004 年 3 月 1 日正式下闸蓄水。水库总库容 4.84 亿立方米，日供水 70 万立方米，水质达国家一、二类水标准，成为云南省内城市供水中最好的水源地。云龙水库坝址位于云龙乡岔河下游 580 米处，2004 年 3 月 1 日下闸蓄水之日，禄劝人民的“母亲河”就此转身，悄然离去。一虹贯通云龙水，百里清泉入春城。

云龙水库全景图

云龙水库建成后，于万顷清波之中形成了大小岛屿101个，84个半岛依山排列，17个全岛孤立水中。水天相连，水岛相依，岛岛相望，却又岛岛相离。随着水位持续提升，水域面积不断扩大，自然形成了众多的山间湖泊，生成了无数的山际水岸。取高处望，一片汪洋，一片清凉，一片蔚蓝；就近处观，天映湖中，山映湖中，树映湖中，人映湖中；择平面视角，大坝一字长蛇，水塔两两并肩，湖水波起波涌，苇草风高风低；环湖而视，很少见到村庄，再也不见炊烟和牛羊，起伏连绵的群山不露土色，退耕还林的土地绿意盎然。

摄影者，或立于湖边，或驻足山巅，一等就是一整天，等湖间雾升雾散，待云走云飞，以期拍到最满意的那幅照片。

从朝阳起到夕阳落，借着光线明暗的变化为自己招魂。

写生者，或择地水际，或选定岸堤，一画就是数小时，画清波，画云水，画那远去的脚步声声，从过往到今天，由着画笔色彩的搭配为自己招魂。

曾几何时，云龙水库边上渐渐多了一些人，每年 4 月清明和 10 月招魂的时段，他们会准时到来，从安宁、从嵩明、从官渡、从西山、从禄劝县城的角角落落，陆陆续续去云龙、去水边、去岸头，点燃香烛，哭奠先人，遥祭远祖，试图打捞起淹死在水底的那些经年往事，为自己的家支招魂。

而我，时不时也会到水边去看一看。一到云龙，看到幸邱山，万千移民大搬迁的画面就会再次回放眼前，两万多人的大规模移民，可是天大的一件事情，关联的不是一方一面，疼痛的不止一点一滴。闲暇里若是收到朋友群发的云龙水库美图，除了好好收藏，我从没有点过赞。因为两次全程参与移民大搬迁的缘故，在我心头一直有着某种情感的强烈挣扎，面对云龙，我一直是虔诚的。我用自己的见闻写着关于一个酋长一座古城一地移民的长歌慢调：《招魂云龙》。

云龙水，千年淌，引着一个古老部族迁徙的方向，阿而临水一眺，灵动的苇草摇曳心事，绚烂的山花开满河滩。那是一座怎样的城呀，请与我回望：屋舍起炊烟，山野归牛羊；那是一个怎样的家呀，请与我回望：姐弟相嬉戏，糯米煮红糖。

云龙水，千年淌，清清的河水拍打着城垣，灿烂的花朵吐尽芬芳，我在古城的街间间点灯，我在时间的骨骼里划桨，只愿伊人不寂寞，只愿伊人不孤单。云龙水，千年淌，引着一个古老部族迁徙的方向，只为伊人啊，一桨一风度，一灯日月长！

掌鸠河，万载长，裁成一个美丽湖泊远嫁的衣裳，乡

秘乐谷奇石（组照）

民离水而去，朴素的行囊装满车辆，热烈的土酒淋湿衷肠。那是一份怎样的情呀，请与我歌唱：三步一回首，泪如雨花瓣；那是一份怎样的意呀，请与我歌唱：父兄相扶搀，方柜锁香囊。

掌鸠河，万载长，黝黝的青山细数着脚步，动人的故事到处传扬。我在离家的路途中回望，我在民谣的平仄里梦长，只愿伊人不干渴，只愿伊人不渴干。掌鸠河，万载长，裁成一个美丽湖泊远嫁的衣裳，只为伊人啊，一步一回首，一梦是乡关！

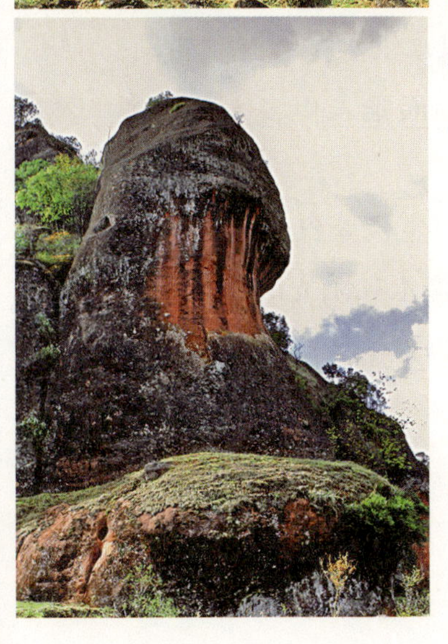

在禄劝，如果有人问我，躲避喧嚣最好的地方在哪里？

我会脱口而出：秘乐谷。

秘乐谷，位于禄劝西北部撒营盘镇辖区内，距禄劝县城70公里，东临红军长征石板河阻击战遗址，南接云龙水库，西北距皎平渡红色旅游区50公里。秘乐谷丹霞风光由秘乐谷、阴阳涧、青碧箐等主体景点构成。奇形怪状的丹霞石和跌水溪流互相搭配，构成了“碧水丹山”的天然画卷，原生态的巨型丹霞石衍生出来的生殖文化，本土古老的少数民族文化和外来的宗教文化和谐地交织在一起，集优美的自然景观、古老的民俗风情、多元的民族文化于一体，不失为大众生态体验、科普教育和文化寻踪的好去处。

幽静，是秘乐谷的全部。

东晋陶渊明笔下的《桃花源记》，给我们描绘了一幅悠然恬静的世外桃源景象。“落英缤纷”“屋舍俨然”“鸡犬之声相闻”的桃花源，何等的和谐有致，何等的别有洞天，何等的虚无缥缈。那毕竟是文人笔下的神思妙想，让人可望而不可即。走向禄劝，走进秘乐谷，钟灵毓秀的山水，奇异古朴的民俗民风，将会熨平人们久居喧嚣都市的种种焦虑，将会熨平人们久处烦人世事的种种不快，让你回归自然，纵情山水，在流连忘返中好好体味秘乐谷特有的旷世桃源风情。

前往禄劝，走向秘乐谷，你可以好好体味现代版的“桃花源”。幽深静谧的秘乐谷，会为你带来“山空鸟语响，林深溪音亮”的自然情趣；朴实的彝家牧童会热情为你寻津指路，美丽的彝家姑娘会借机向你吹弦亮嗓，背拾柴火的彝家老人，路旁歇稍，根雕一般，遇有游人，会像凝视自己的孩子一样望你好一阵子。

啊么，格好玩?

啊么，格来家里坐坐?

啊么，下次格还来玩呢?

秘乐谷，跟 “猫眼”无关，这里可以搭讪，可以轻叩柴门，可以喝到用木瓢舀着的清泉，是一个入门就是客的地方。

秘乐谷，同时是一条蓄满诗意的河谷。

“曲径通幽处，禅房花木深”这样的诗句很契合秘乐谷。秘乐谷自然之旅，你将有机会徜徉在碧水丹山的仙境之中，做一回诗人，或者装一回诗人。云南一域，山高坡陡石头多是自然常态，众多的喀斯特地貌极易形成奇特景观，比如石林、土林、彩色沙林，但要说起丹霞地貌，云南却很少见，远比不上广东、福建等地。让人想不到的是，在昆明市禄劝县境内竟然藏着一片发育极为成熟的丹霞地貌，多年来，因无人问津，无人理会，成为秘境。直到20世纪末，云南省最大的调水工程掌鸠河引水供水工程开工建设，在寻找水源的过程中，这片神秘的景观才被发现，渐而走入更多人群的视野，据此定名秘乐谷。

秘乐谷地貌属滇中高原边缘的深切割山地，为中生代紫红色砂岩沙地层，极易风化。此地在漫长的地质演变过程中，由于降水和阳光的作用，可塑性极强的红色砂岩不断受到侵蚀、风化和剥离，在自然的雕琢过程中，逐渐造就了鬼斧神工的“丹霞胜境”。

千面红崖栖云意，万顷绿树藏鸟音。
细看幽谷排闼处，清溪早已沐鱼归。

秘乐谷谷中空气湿润，雨量充沛，广泛分布常绿阔叶林，生长茂盛，自然形成了幽谷森然、重峦叠嶂，碧水丹山、绿树红崖的旖旎风光。

丹霞地貌，是指红色砂岩经长期风化剥离和流水侵蚀，形成孤立的山峰和陡峭的奇岩怪石，是巨厚红色砂岩、砾岩层中沿垂直节理发育的各种丹霞奇峰的总称。其主要发育于侏罗纪至第三纪的水平或缓倾的红色砂岩地层中，以广东省北部丹霞山最为典型，故称其为“丹霞地貌”。全球现已发现1200多处丹霞地貌，主要分布在中国、美国、澳大利亚及中欧等地。

秘乐谷，藏在禄劝云龙幸邱山深处，是距离昆明最近的丹霞奇谷。近年来，随着云龙水库“千岛湖”美名的口口相传，这个藏得很是幽深的天然河谷渐渐成为无数游客生态体验的好去处，在昆明都市的年轻群体中悄悄地互传着一个很诗意的美称：“情人谷”。

阴阳元石

对此，我们不会刻意加以订正。毕竟，人们对山水的解读，会因人生经历、文化阅历、情感体验的诸多不同，产生迥然各异的解读结果。但有一点却是肯定的，秘乐谷特有的山水风光和文化积淀，已经为走近她的人们预置了某种特定的切入角度或别样的情感酵母。说到这里，不妨对秘乐谷讹传“情人谷”的文化现象再做一次反向解读。

寻幽入谷，身临实地，你会发觉在这片渐入人们视野的神秘幽谷中，擎天而立的峭壁，其伟岸挺拔的形态所衍生的文化符号，会让人在不经意间获得男性形象的心理认同；而轻吟低唱的涧中溪泉，其柔美怡人的形态所衍生的文化符号，则恰好暗合了女性形象的心理认可。这一种心理认可程度，会在秘乐谷阴阳涧达到一种欲罢不能的心理效应。面对卓然挺立的“阳元石”和幽然洞开的“阴元石”，其所附着的生殖文化色彩，会令驻足者在对山水的解读过程中，自然完成男情女爱的心理认同。

山环水绕，山水相依，水永远是山的依恋者，山永远是水的守护神。

秘乐谷风光

“情人谷”称谓之说，概由此出。

“情人谷”，多么诱人的名字；“情人谷”，一个让人心驰神往的地方。身处秘乐谷，山是情人，水是情人，花是情人，泉是情人，谷中一切，实实在在让人无法割舍。在醉情山水的过程中，在文化寻踪的神思里，或清溪濯足，或仙泉浴面，或扶花静伫，或偎草而憩。伴着谷中天籁之音，风吹牧童歌，溪唱心头曲，心灵的凡尘垢土，一经充分洗涤，自然周身松透，叫人舒坦到骨子里边去。

这是我喜欢秘乐谷唯一的理由。

这个理由，适合一切想要静一静的人群。这份宁静，来自真实的自然，来自城市喧嚣的比较，更来自人们内心深处不曾舍去的本真初心。人活于世，有时行走得快了，并不是一件好事情。该停下时，要停得下来，等一等尚在身后的心。就像秘乐谷中的那个彝家老人，柴火压身，该歇稍，就歇稍，谷中日子老长长，人生不过二百秋，家就在炊烟升起的方向，生命的轮回就如谷中花开花落，花间蜂来蜂往。

山对山来岩对岩，蜜蜂采花顺山来；
蜜蜂只为采花死，梁山伯为祝英台。

小小葫芦开白花，又爱葫芦又爱花；
又爱葫芦背水吃，又爱阿妹来当家。

幽谷深处，时不时会传来美妙的情歌恋曲。秘乐谷周围是禄劝彝族、苗族、傈僳族等少数民族的主要聚居区，民族文化氛围浓厚。在各少数民族的婚姻习俗中，以歌传情、以歌交友、以歌定情是一种极为常见的文化现象。对歌，在青年男女的爱情中，往往充当着“红娘”“月老”的媒介功能。相思之苦、相爱之愿、相恋之约，均可以歌达意，在相互唱和之中投石问路，在相互对答之中加深了解，在相互歌吟之中确定终身。广泛流传于禄劝各族群众中的山歌唱词，内容丰富，形式多样，成为人们表情达意、交流思想的重要工具。

一曲曲天籁之音，一首首心灵之歌，将人间爱情的纯真演绎得生动传神。走入谷中，老想天真一回，浪漫一次，将自己剪影一般定格在山涧水际，总有盼等邂逅情人的某种冲动。

寻幽探奇秘乐谷，会在不经意间找到心灵的某种预期需求，或是山水之情，或是文化之美，或是风俗之趣。驻足神奇秘乐谷，感悟天地之造化，重构生态新观念。前往禄劝秘乐谷，不知你想同这片幽谷做何约定？

会是情人的约定么？！

约定或不约定，前往禄劝云龙水库和秘乐谷，一直往北前往金沙江，游人必经之地为禄劝县城。108国道、昆武高速公路出口都交汇于此，因为掌鸠河的存在，这里，成为一个绕不开的文化驿站，能提供美食体验的绝好所在。

青青秘乐谷

县城掌鸠河风光

禄劝县城，依山傍水而筑，是一座典型意义上的山间小城。城后，是一字屏风的秀屏山；城前，是十里画廊的掌鸠河。

小城，很是温和，不张扬，不奢华，不豪放。自明万历七年（1579年）禄劝始建州治，规模不大，城广一里，“城郭、州治兼举”，既有军事防御作用，又兼备社区居住功能，是禄劝第一次真正意义上的城市社区建设，这一城址和规模一直维持了300余年。此间历代，禄劝建置修治均依原址进行，依山傍水之势，从未改变，沿袭于今。

“相土尝水，象天法地”，这是中国古代设置城邑的普遍规律。禄劝城自设治开始，遵循的也是这个规律。旧志言述，禄劝城“据崇岗，面白塔，溪流潆洄，山岭合沓，巉岩险峭，村落参差”，是一座典型的依山傍水之城。民国《禄劝县志·地舆志》又载：“秀屏山，一名玉屏山，在县城西五里，卓立端峙，县治居其阳。山形逶迤交缪，望之，其势横亘如一字屏风。北端下起巴山，巴山上有文殊寺（今毁），寺旁有冯将军万保墓，寺下为旧州治遗址；南端下亦起巴山，高于北端数十仞。巴山下有思源阁，阁下有小垤为社稷坛，又下为县治。”

故而，述及禄劝城，不得不提及秀屏山。

清代禄劝文人杨泽先以一首七律《秀屏排闼》点赞此山之高峻：

天作高山玉作屏，俯临百雉仰青暝。
流争万壑奔来疾，翠拥千峰势未停。
雾惹村烟侵古寺，雨余草色绿寒汀。
晓来卷幔楼头望，簇簇林峦入户扃。

杨泽先于诗中罗列山中古寺、清溪、烟村、百雉之恬静祥和，细说高山、青天、雾霭、雨露之相映成趣，是迄今为止，将秀屏山写得最具人间烟火意味的好诗文。清武定知府王清贤更是不吝溢美之词，追加礼赞，题匾赞其为“滇之峨眉”。历代文人多有题诗，时至今日，仍为禄劝诗文创作的重要题源。

说完秀屏山，再说掌鸠河。

因为两者高度相关，亦如连体，千百年来一并守护着禄劝县城，既见证了禄劝县城数百年不曾改变的城市布局，又成就了禄劝县城较为深厚的文化韵味。

临水而居，所以，同样应述及水事河情。

掌鸠河，发源于禄劝境内马鹿塘乡对车，于上游撒营盘镇一带称石板河，中游团街镇一带改称鹧鸪河，茂山镇打马坎以下河段称掌鸠河。掌鸠河是禄劝境内主要浇灌河流，全长 129 公里，由北向南流经原双化（乡）、撒营盘、云龙、团街、茂山、屏山、原崇德（乡）共 7 个乡镇，被称为禄劝的“母亲河”。沿河两岸物产丰富，文化遗存众多。尤其是掌鸠河县城段，因为景色优美，景点众多，且与城市建设和人居生活关系更密切，数百年来，成为历代文人争相歌咏的对象。

掌鸠河的美，非古诗不足以言之，非工笔不足以摹之，所以，清末入列“禄劝八景”，其中关联掌鸠河的就多达五景：“秀屏排闼”之景，取高处望，述及的是秀屏山，关联的则是掌鸠水；“鸠水洄澜”之景，此为主体之景，择鸠水写，述及的是水事、河意、树态、花语和农事，抒怀的则是一条河与一座城忠贞不渝的恋情，数百年从未改变的唇齿相依；“龙洞藤萝”之景，位于掌鸠河畔屏山镇河东庄侧，“香海钟声溪外落，掌鸠渔火夜中生”，是其最美景致；“石牛卧水”之景，位于茂山镇永定村西侧掌鸠河中，两块其状如牛的巨石，两相依靠，静卧河中，任凭河水盈枯涨落，不论春夏秋冬，护河守堤，静观水势，力抵洪魔，气镇河妖，是其不变使命；“仙石残棋”之景，位于掌鸠河畔茂山镇东屏村，有数十枚圆形巨石，排列有序，错落有致，一经入夜，伴着掌鸠水响，似有仙人对弈，落子之声如风。

为此，面对掌鸠河，有人不歌不快意，不言不释怀，不咏不成眠。

同样还是杨泽先，写罢七律《秀屏排闼》，笔意不歇，诗意更浓，一气呵成，再续七律《鸠水洄澜》：

红崖急雨走飞湍，谁挽狂澜白塔前。
越女浣纱停浩瀚，天孙织锦漾青涟。
双津交合环孤邑，一水萦洄障百川。
待会风云春二月，桃花摧起浪花鲜。

掌鸠河风光

桃花催起浪花鲜！

何等景致，何等脱俗，又何等富集诗意，叫一切喜爱掌鸠河美景的人，从此爱上桃花，更离开不了浪花。那一个“鲜”，可当饭咀，可当茗品，亦可佐酒入醉。

“秀绝风光迥不侔，锦屏高挂白云头。一湾白水抱城晓，万叠青山排闼幽。雨过烟霞凭点缀，春来禽鸟自优游。天然景物天然笔，写就新诗韵欲流。”与清初诗人杨泽先不同，晚清禄劝候选巡导梅增荣则是完完全全将自己泡进了掌鸠河，一曲终了，意犹未尽，韵脚新成，笔

墨难停，好一支“天然笔”，好一回“韵欲流”。除此之外，另有晚清廪生李汝楫的《鸠水洄澜》，同样耐读，赏心悦目。诗云：“鸠水盈盈荡绿波，垂柳两岸挂渔蓑。浪随风卷夕阳照，遥望江心白练拖。”

回望往昔，入诗入文。清波，白练；垂柳，渔蓑；青山，白水；烟霞，禽鸟；桃花，浪花，一并组成了典雅极致的掌鸠河美景，共同见证了禄劝城的时代变迁。

掌鸠河，原本离禄劝老城很远，故而历代诗文多从遥望视角入题。而今，随着现代城市建设的提速，十里画廊掌鸠河的景致早已发生了巨大变化，同时有了新的城市内涵。

掌鸠河从县城穿城而过，是近十余间的事。

2005 年以来，禄劝坚持生态优先发展战略，把生态文明建设放到更加重要的位置。随着禄劝县城“东西拓展，南北延伸”新布局的展开，新城片区开发速度不断加快，老城渐渐变得遥远，新区不断变得亮丽，掌鸠河悄然从城际界线变成了核心中轴，东山森林公园、文笔山生态公园、掌鸠河滨河公园相继建成，掌鸠河十里绿色长廊，成为昆明市园博园的重要组成部分。

一地旅游，文化寻踪是灵魂，而生态休闲则是时尚。到禄劝县城逛一逛，记得要去一趟掌鸠河，定会让你不虚此行。沿河两岸绿树成荫，花香四季。艳红的美人蕉，淡雅的紫荆花，成片的薰衣草，疏离的白玉兰，粉如云霞的冬樱花，灿如火焰的炮仗串，“公种孙食”的银杏树，都是很好的观赏植物。县城中心片区，民族文化广场、掌鸠河滨河公园和十里长廊健身广场，游人众多，热闹非凡，禄劝本地特产、时令果蔬很是热卖。

十里画廊掌鸠河，移步观景是次要的事，沿河吸一吸最新鲜的空气，才是人们愿意去的主要理由。掌鸠清泉供昆明，已是整整十年的事，日供 70 万立方米，实实在在解决了昆明城市发展的“世纪之困”和“饮水之难”。无数的昆明市民赞叹过，掌鸠河的泉水清又甜，吃水不忘挖井人。

忘记不了，那就来吧。

在掌鸠河畔，十里画廊待君赏，一河清波且泊舟。若是困了乏了，大可临河寻一茶馆，就着掌鸠清泉，伴着河畔花香，煮一香茗，不掩饰，不矫情，不虚伪，不喧嚣，真正做一回鸠水茶客，再度讨论一回檀萃、鲁大宗、王清贤、杨泽先、梅增荣、李汝楫等往昔文人；暖阳里，又一次诵读《鸠水洄澜》《听涛轩诗钞》……

这种研读是有益的。

或许在我们举杯闻香的同时，伴着指尖轻拂书页的声音，鸠水河畔，又一朵花就开了！

岭上飞过导弹红，岭上染遍杜鹃血

禄劝的崇山峻岭间，一直藏着一段鲜为人知的中国导弹史，一段撼人魂魄的村庄水利史。前者诞生了大三线建设中的"红旗山"，后者催生了注释昆明精神的"阿角岔"。它一经捏拢，山水与精神自生骨髓，历史和现实恒有关联。

四川西昌、甘肃酒泉、海南文昌，而今已是国人旅游的重要选择地，更是无数航天迷一心所向的神奇地方。在云南群山深处极不起眼的一个山沟里，一直藏着一段鲜为人知的中国导弹史，它的存在一经解密，带给我们的是另一种相对遥远的震撼。

转龙文笔塔

禄劝转龙红旗山导弹基地遗址，是转龙古镇旅游的又一著名景点。

此景点之所以渐渐出了名，有两个重要的原因：一是取决于红旗山导弹基地在中国导弹事业发展过程中曾经占有的重要历史地位。二是缘于此山在禄劝转龙镇固有的神秘传说及其良好的生态环境。

特殊的军事地位，将一座普通的山演变为一段特定的历史遗存，在中国国防建设尤其是导弹事业发展中是一种过往常态。因为保密工作的需要，这种演变的对象可以是一座山脉、一条峡谷、一片滩涂，抑或大漠深处的某一个角落，有时甚至就是你周边的一座毫不起眼的普通房子。

①风帽岭
②岭上飞花

红旗山导弹基地遗址位于禄劝转龙古镇以西15公里处，原名叫甑子山，因形状酷似甑子得此名。当地神传，此山灵异。山间藏有一洞，洞中有锅碗瓢盆各类生活用具，当地农家遇有红白喜事，大宴宾客之时，只需到洞口躬身一揖，便可借到所需待客用具，且无须借条契约，甚是方便。某年某月的某一天，坝中一崔姓人家前往洞中借用器具，用后竟然起了贪心，不再将所借锅碗瓢盆归还洞中。从此，该洞洞口自然封闭，一坝之人再也寻不到居家应急的这个方便。

甑子山肚中有洞，洞中有宝，这个神奇传说与导弹部队进驻转

龙镇，择址甑子山建设发射基地其实并无任何关联。但有一点却是肯定的，即此山雄踞转龙镇西，山脚、山麓、山腰、山顶呈台阶形分布，且错落有致，居高则视野开阔，择谷则易于掩藏。一方面便于导弹部队的功能分区，另一方面能够最大限度地隐藏发射装置和保密需要。

20 世纪 60 年代中期，在中苏交恶以及美国在东南沿海攻势日盛的国际大背景下，为加强战备，逐步改变全国生产力布局严重失衡的经济格局，中共中央和毛泽东主席做出了关于加强“三线建设”

的重大战略决策。这是一次国防、科技、工业和交通基础设施建设项目自东向西的大迁移，更是一次立足全国战备、打赢“苏修”和“美帝”的战略大调整。1964年8月，国家建委召开一线、二线搬迁工作会议，明确提出大分散、小集中、少数国防尖端项目要“靠山、分散、隐蔽、进洞”的具体要求，“三线建设”由此拉开帷幕。

“好人好马上三线”，“备战备荒为人民”，1964年至1980年，在贯穿三个五年计划的16年中，国家在属于三线地区的中西部，动员400余万名工人、干部、知识分子、解放军官兵和成千上万人次的民工，打起背包，跋山涉水，奔赴祖国大西南、大西北的深山峡谷、大漠荒野，风餐露宿、肩扛人挑，用艰辛、血汗和生命，建起了1100多个大中型工矿企业、科研单位和大专院校。

地处云南大山腹地的普通小镇转龙，有幸入列其间。

1970年9月，四部近万名官兵从新疆库尔勒万里转场入滇，最终落脚禄劝转龙镇，围绕红旗山导弹发射实验目标任务，拉开军民会战“7204工程”的序幕。

转龙镇

1969年，国防公路昆转公路开工建设，国家关于少数国防尖

端项目要“进洞”的指导意见，与转龙公社甑子山“肚中有洞”的神秘传说，竟然如此不谋而合。“7204 工程”项目建设初期，禄劝转龙地区以民兵为主体组建了连、营、团工程建设编制，大规模投入了转龙境内的国防公路建设项目。“7204 工程”指挥部下辖昆明、曲靖、楚雄三个民兵团。楚雄彝族自治州抽调干部 123 人，调集禄劝民兵 5000 人组成第三团，具体负责寻甸回族彝族自治县倘甸镇芭蕉树至转龙白木卡干线 19.76 公里及红旗山、小高地、永红沟、朝阳 4 条支线 20.07 公里的修建任务。第三团投入工日 135.97 万个，牺牲民兵共 20 名。1972 年 1 月 30 日，公路竣工通车。转龙境内国防公路建设末端的三个地方，就此有了新名字，槽方箐更名为“405”，泥基箐更名为“永红沟”，甑子山更名为“红旗山”。

一座极普通的山能够更名为“红旗山”，这是转龙古镇的光荣，更是中国国防尖端武器发展中的一个缩影。红旗，是一个政治性和时代感极强的名称。之所以将甑子山更名异呼为“红旗山”，是因为反导实验主体武器“反击一号”模型弹一级发动机，共由 4 个“红旗一号”固体发动机捆绑组成。导弹取名“反击一号”，紧扣时代背景；武器核心部件取名“红旗一号”，反映举国民心，这应该是甑子山得以更名的最直接原因。

国防工程项目建设初期，这种地名变更资料更多地保留在军方的密档之中。但随着转龙驻军的开始，这种神秘以另一种亲民的方式渐为民间所接受。1970 年初，转龙境内国防公路、输电线路基本建成，

1

解放军导弹部队开始进驻，加快建设营房、气象服务及发射塔架等军事设施，导弹部队全体官兵和家属，与转龙当地的人民群众军民共建、军地联合，演绎了一段“军民一家亲”“共铸南天剑”的精彩故事。

转龙镇驻军期间，发射基地所在片区红旗山是名副其实的军事禁地，驻有红旗山第二数据中队、第七雷达中队、第八发射中队、第九发射中队（原 640 － 2 超级大炮发射中队）。这片神秘的区域因为核心位置和军事保密需要，一般人是无法接近的。除此之外，转龙坝中其他几个地方同时驻有相关生活及技术服务保障单元部队，分别是桂泉槽方箐驻有 405 测量团及第一、三、五遥测中队，老姑姑大包包村驻有第四遥测中队，永红沟驻有第十技术中队，月牙塘小花山驻有第十二气象中队，白木卡村设立部队招待所。同时，禄劝境内撒营盘镇驻有第六、七、八遥测中队，嵩明县阿子营驻有汽车运输 39 团，寻甸县柯渡大石洞驻有二十四基地（师部，

❶❷ 马鹿塘杜鹃花

兼基地司令部），倘甸者已村驻有工程兵109团，倘甸鲁嘎村驻有发射团。

禄劝红旗山导弹发射阵地是反导实验场区建设的核心工程之一。

发射阵地位于海拔2640米的崇山峻岭之中，山高坡陡，沟壑纵横，山中不通路，又缺水，由于试验任务要求急，工兵109团干部战士在水、电、路条件都不具备的困难面前，闯路上山，安营扎寨，肩扛背驮，在半个月内硬将50多吨实验器材、物资全部运至山顶。1971年11月，如期完成红旗山发射阵地、龙门悬臂下挂式简易发射架、导流槽、隧洞间、发控室、技术阵地对接厂房，以及101雷达阵地，场区光测、遥测、雷测设备以及摄影、洗印、判读等数据处理设备基本安装完毕，保证了初期实验任务的需要。

1972年1月17日15时47分，禄劝红旗山导弹发射基地首次实施“反击一号”大推力固体试飞弹飞行实验，代号411－3，这是继新疆东风场区反击型号武器实验之后，在云南新场区进行的第一次实验。1972年5月15日18时，禄劝红旗山导弹发射基地第一发独立回路遥测弹实施发射，5.45

秒后，二级发动机于空中解体。后出于安全考虑，第二发独立回路遥测弹一级固体火箭发动机以“倒栽葱”方式在红旗山基地进行了销毁。实验期间，周恩来总理高度关注实验过程，亲自听取汇报，多次做出批示。中国“导弹之父”钱学森亲临导弹基地，坐镇指挥。在沉寂了7年之后，1979年，4部迎来了“反击一号”飞行实验的春天，第一发、第二发模型遥测试飞弹于8月、9月相继试验成功，为共和国30周年庆典献上一份厚礼。1980年3月9日，国防科委命令：停止“反击一号”研制和实验任务，禄劝红旗山导弹基地悄然撤离。

禄劝红旗山，一座因“三线建设”而更名的山，一座因军事需要被异呼的山，一座从百姓神附其迹一路走进国防密档中的山，缘于共和国导弹事业研制实验的需要，与世隔绝了20年，神秘存在了20年，军民共建了20年，最终在1980年的那个初春，悄然转身离去，挥手作别禄劝。将高尖端的技术献给了共和国，将公路、汽车、电灯、煤炭、书店、电影、红砖房、橄榄绿留给了禄劝人民。

这种给予是艰难的，数万大军千里驰骋，万里转场，逢山开路，遇水架桥，扎进深山就是20年，奉献的是青春、汗水和生命；这种给予亦是无私的，无数官兵进机关、进学校、走农家、到集市，军民共建20年，留下了整整一代人的记忆。

今日的禄劝红旗山，曾经的军事禁地不再神秘陌生，主发射台遗址已然空空荡荡，树木挺拔俊秀，藤蔓俯仰生姿，荆棘繁芜丛生，成为转龙古镇的绿色天然屏障，旅游休闲的知名景点。

禄劝红旗山得天独厚的良好生态，四季鲜明轮回的天气物候，使其生长着无数的兰草。从古镇西边的白木卡、一支鹿两个小村子入山，都能很轻易地寻到兰草。山脚一带多

云海

春兰，山腰地段多蕙兰，山顶上面容易寻挖到的则是建兰。近年来，随着转龙古镇旅游开发，当地民宿经济很是兴盛，古镇人家多有入山寻兰者，将采自红旗山中可心的兰草栽进盆台，移进花圃，当成宝贝。更为有趣的是，如今的转龙人，异口同声地将采挖自红旗山的建兰硬生生地给换了名，叫“剑兰”！

这是红旗山兰草的幸运，更是中国导弹事业的荣光。

曾经秘密研制实验于西南边陲的“南国利剑”，如今早已发展成为中国的“全域神剑”。在建军80周年大阅兵、9·3大阅兵仪式上，中国新型导弹全面展示，我们在为其自豪、为其振奋的同时，中国军史自不会忘记：曾经在转龙红旗山发射控制间摁下的4次点火按钮，以及而今已然痕迹全无的发射塔架。

在转龙古镇，“7204工程”是一个绕不开的话题。说起当年的导弹部队，聊起神秘的红旗山，稍稍上点年纪的转龙人都能如数家珍。毕竟那段岁月给转龙留下了太多的积淀，比如营房、岗哨、军号声，比如军车、电灯、变压器，比如电影、标语、外国语。

除了剑兰，有件事情也要说一句。

每年清明节，在原红旗山导弹基地招待所背后的一座小山丘上，总会随风飘起一阵烟，轻轻盈盈，若有若无，那是转龙各地的学生在为无名烈士扫墓。

小山，无名；烈士，亦无名。

扫墓的孩子们关于“三线建设”的知识并不完全来自书本，并不完全来自手机百度，也并不完全来自实地的走访和调查，但有一点是肯定的，那缕轻烟，定是来自父辈或祖辈关于红旗山导弹研发历史最铁的一段记忆。

岭上飞过导弹红，岭上遍染杜鹃血。

说完禄劝红旗山，让我们再说一说禄劝风帽岭。

两座山岭并无地域上的关联，但却在精神的层面融于一体，那就是艰苦奋斗不屈不挠的自力更生精神。

风帽岭，并不是一个好名字。

乍一听，很土气的一个名字。在禄劝一域，它代表着山河、村庄取名定

氏的一个主要方式："缘物会意"。走进禄劝，认清村名、记住村名和解读村名是一件很困难的事情。实话说，本地人记不住本地名是常有的事情，本地人说不清本地名同样普遍存在。禄劝居住有汉、彝、苗、傈僳、哈尼等24个民族，是云南少数民族文化基因富集的县区之一，素有"三水一江地，彝歌苗舞乡"的美誉。自唐以降，历经滇柱东标、宋挥玉斧、元跨革囊等重大历史演变，发端于禄劝幸邱山、掌鸠河的罗婺部、洪农碌券部、掌鸠法块部，从乌蛮三十七部中悄然兴起，势力日盛。尤其是罗婺部最终凭借凤氏政治集团强大的政治、经济和军事实力，从偏居禄武一隅渐而达到"兼治全滇"的鼎盛局面，成为明王朝中央经营西南地方的重要政治力量，牵动了清王朝"改土归流"的政治神经。故而，经过罗婺文明长期浸润和洗礼的禄劝，单缘物取名就有了自身的文化基因。无数的山河名称、村庄名字，被打上了少数民族文化深深的烙印。

❶ 中山楼

❷ 轿子山

马鹿塘乡的风帽岭，则是一个例外。

风帽岭，顾名思义，风吹帽子飞的岭。也就是说，那岭上

风很大，那岭上风很冷，那岭上压根就种不出值钱的庄稼。洋芋、苦荞、青稞和杂豆，是这片土地最普通的产出，生活于此的各族群众长期处于贫困之中，而导致这个局面的居然是风，长年冷凉的风，时刻停不下来的风。

马鹿塘，望文生义，马鹿喝水的塘。同时，也可以这样言述，那水塘很清，那水塘很甜，那水塘能够引来美丽的马鹿。然而向来胆小怕惊的马鹿能够成群结队来到塘边喝水，不惧村庄，不畏烟火，不怵人群，只有一个解释，这个地域生态很好，人心可亲，人与自然和睦相依。此间，猎枪不会响，怕惊动塘前喝水的小马鹿；此间，行人脚步轻，怕路头霜芽划破自己的大脚板。

放眼马鹿塘乡，境内高山巍峨，沟壑纵横，风帽岭为最高点，海拔达到3300米；最低点为普渡河峡谷里的罗嘎支，海拔仅有803米。一路而去，山高坡陡，起伏不平，加之金沙江峡谷自马鹿塘乡东北面连续切割，造成了马鹿塘乡巨大的海拔高差，“丁字凹里雪，江滩蒸渡头。牛死山头冻，谷底热坏妞”，自然成为马鹿塘乡最贴切的物候写照。所以，马鹿塘还代表着昆明市最高海拔乡镇的冷名头。

冷凉，差不多成为马鹿塘乡的全部。马鹿塘乡属于禄劝典型的高寒山区乡镇，长年冷凉，易遭霜冻，物产寡薄。全乡除撒马基、普福两个村委会分布于金沙江河谷地带外，新槽、马鹿塘、石门坎、老木德、赊角、通龙、麻科作、普德等8个村委会均处于高寒山区。因此，在禄劝一直流传着一个关于马鹿塘的冷幽默：“洋芋是马鹿塘的大，衣服是马鹿塘的厚，干部是马鹿塘的呆！”集市寻人，耳生冻疮者，多为马鹿塘人；会场围观，皮衣毛裤者，定是马鹿塘的乡干部。这里，没有一丝一毫贬损他人

马鹿塘杜鹃花海

的笔意；这里，只想说明一个高寒冷凉山区特有的真味。

所以，写花之前，赏花之前，醉花之前，得晓得风帽岭的花为何开得如此低调，如此艰难，又如此张力十足，即便漫天飞花，也是全身匍匐于地；即便大红大紫，万花丛中同样深藏谦卑不屈的枯枝老根。

马鹿塘风帽岭上长杜鹃，古已有之。

热闹起来，却是近三五年的事情。

这份从天而降的热闹，其实是发端于摄影者镜头泄密的一哄而抢，让一座山岭顿时无所适从，从此失去自身宁静。从生态保护的角度说，眼下并不一定是件好事情。深藏于风帽岭和上伙房村的近4000亩野生杜鹃，历经岁月打磨，历经风霜侵蚀，历经曾经一次又一次的毁林开荒和“人定胜天”，但生活于此地的各族群众从没有舍得将自己的刀斧靠近这片杜鹃，从没有想过将锋利的犁耙移至这片土地。所以，风帽岭上的杜鹃花年年盛开，岁岁不败，火一样烫着一个冷凉山区乡镇的脊梁骨，暖着马鹿塘人民的心窝窝。

秘境一经打开，名头一旦响起，风帽岭再无往日宁静。

然而，不得不说这片花海确实招人着迷，叫人无法释怀，让人欲罢不能。从马鹿塘乡集镇西行十余里，即可到达上伙房杜鹃林；若是脚力充足，循山再走三五里地，另可择路登上风帽岭。每年清明节前后，上伙房和风帽岭两片杜鹃花就会准时开放——山脚温热地带多在3月开放，山腰温凉地带多在4月开放，山头冷凉地带则在5月至6月间开放。野生杜鹃多姿多彩，每种颜色含有多个色系，仅就红色杜鹃而言，就可以区分出浅红、淡红、暗红、深红、殷红、血红、桃红、茄红、橙红等不同颜色。红色杜鹃再与众多紫色杜鹃相互搭配，往往又会调配出更加摄人魂魄的绚丽色彩。马鹿塘野生杜鹃树龄多在数百年以上，受冷凉天气所限，生长极为缓慢，新树新林并不多。而常见的杜鹃花，在马鹿塘就有数十种，连片最好、最为壮观的是当地人称“碎米花”的紫杜鹃和红杜鹃，花色最为鲜艳，花态最为夺目。一经盛开，树树相搭，簇簇相拥，片片相接，谷谷相连，怎一个醉字了得，怎一双眼睛够用？

与别地不同，风帽岭的杜鹃树一律长得矮小，每一树杜鹃都很卑微，每一条丫枝都很坚韧，全身匍匐于地，根扎深土，干撑虬枝，叶接霜露，花迎凉风，以最为努力的姿态养育自身，保护自己，让自己得以存活。

风帽岭杜鹃特殊的树态花语，与马鹿塘乡一个著名的脱贫故事很是相像，骨髓相通，情志神似。所以说，除了冷凉之外，马鹿塘还有更为悲壮的过往，曾以一个村庄的名义，在昆明扬名立万，名头叫得甚是响亮。20 世纪 90 年代，在昆明市扶贫攻坚的主战场上，阿角岔以一个村庄的名义，以一段挖沟凿渠的壮举，托举起昆明市海拔最高乡镇马鹿塘的全部脊梁，继而擎起全昆明跨越新世纪的扶贫攻坚战旗，终成一曲撼人魂魄的精神交响。

只是，其出名的方式稍显悲壮！

马鹿塘阿角岔是一个极度缺水的小村，全村共有邹姓、刘姓、张姓、孙姓、袁姓、田姓 6 姓人，19 户人家，108 人。村庄势微，人单力薄，为凿通村后一段 195 米的引水隧洞，将清泉引过断崖，引进村庄，解决吃水难题，1985 年 5 月 4 日夜，全体村民自愿签订了一份“生死状”，缔结了一份“生死与共”的村庄契约——《（阿角岔）85 年挖沟经自愿立状（户主签名盖章）》：

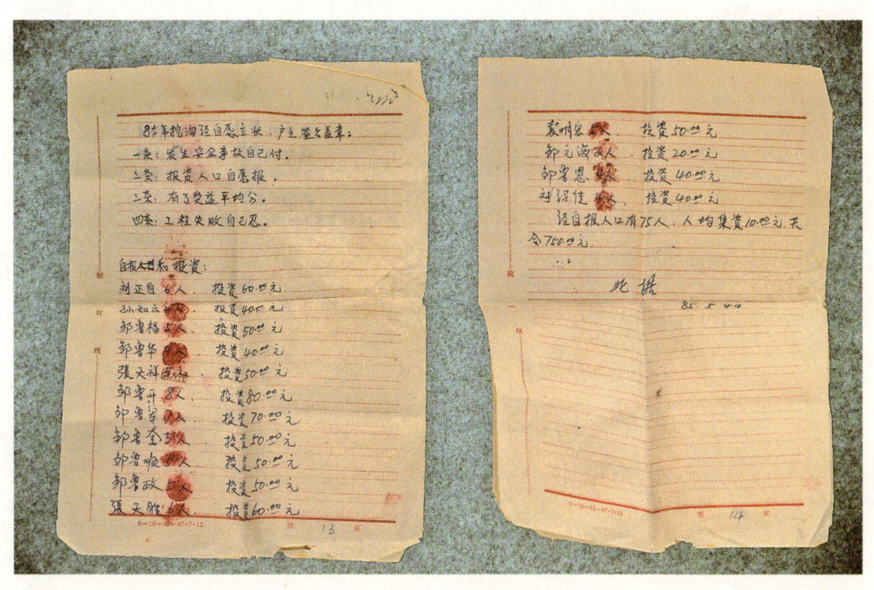
85年挖沟经自愿立状，户主签名盖章：
一条：发生安全事故自己付。
二条：报资人口自愿报。
三条：有了受益平均分。
四条：工程失败自己忍。

自报人口和投资：
刘正自 6人，投资60.00元
孙如云 4人，投资40.00元
邹鲁福 5人，投资50.00元
邹鲁华 4人，投资40.00元
張天祥 5人，投资50.00元
邹鲁开 8人，投资80.00元
邹鲁军 7人，投资70.00元
邹鲁奎 5人，投资50.00元
邹鲁顺 5人，投资50.00元
邹鲁政 5人，投资50.00元
張天胜 6人，投资60.00元
袁明宏 5人，投资50.00元
邹元海 2人，投资20.00元
邹鲁恩 4人，投资40.00元
刘绍佳 4人，投资40.00元
经自报人口有75人，人均集资10.00元，共合750.00元。
此据
85.5.4

马鹿唐精神之生死契约

一条：发生安全事故自己付（负）。

二条：投资人口自愿报。

三条：有了受益平均分。

四条：工程失败自己忍。

一“负”！二“愿”！三“均”！四“忍”！

细读状约，村民以通俗得不能再通俗的四句话，吹响一个村庄荡气回肠的出征号角，约定了百余口人于无声处的生死相依：如此状约，令人心疼，发人深省；如此状约，马鹿塘人所创，全中国鲜见。

靠全民集资！

靠全村凑猪油！

靠全力用手刨！集资750元钱，历经三年苦干，终于凿通一段195米的引水隧洞，引得清泉过断崖！

这是一片孕育艰难困苦的土地，这是一片从不屈服的土地，亦是一片漫天飞花的土地。2017年昆明“春城无处不飞花”摄影大赛上，禄劝本土摄影家、中国知名摄影人陆春海，以风帽岭杜鹃为题，创作了《伊甸园》组照，一举夺取大赛金奖。县内摄影爱好者孙显芳、陈达仁、段佳辰以风帽岭杜鹃为题创作了《五月飞花》《杜鹃花海》《层林尽染》等作品，均获大赛优秀奖，创下同一赛事同一主题多人次获奖之最。

我们清晰地感觉到，那漫天飞花之下，铁定是坚韧不屈之根，这是创作者、评委群、阅读者关于风帽岭杜鹃精神内涵的一次集体认同。

风帽岭的“风”，风帽岭的“花”，风帽岭的“雪”，风帽岭的“月”，这是自然馈赠人间的风花雪月，确为人间大美。游客慕名前来，蜂拥而至，其实同样是想借着马鹿塘之行，让自然的风花雪月换回心灵的风花雪月。站在高山之上，面对万亩杜鹃，我们认同的是人与自然间的和谐相处，获得的是绝地重生精神之洗礼。

前往马鹿塘，赏花风帽岭，向这片漫天的花海致敬，向这片不屈的土地致敬，向永远匍匐于大地的一种精神致敬。

此为风帽岭赏花之真谛。

除此之外，无他可语，可言，可寄！

禄劝雁南飞，飞过椰林飞过秋

民间文化遗产是我们民族情感、道德传统、个性特征以及凝聚力和亲和力的载体。“孤雁殉情”的故事和“仙姑远嫁”的传说，是禄劝民间文化遗产宝库中的沧海一粟，却是新的时代传承、挖掘、重塑先进文化的一次全新尝试。

禄劝中屏镇，是一个品得出滋味的地方。

地处禄劝县域中心位置的中屏镇，东临普渡河峡谷与九龙、乌蒙两乡镇分界，南接翠华镇，西与团街、撒营盘两镇毗邻，北与则黑乡接壤。县内交通联网多于此间规划构架，形成节点，虽有四通八达之势，却呈相对封闭之态。

镇政府所在地位于“撒子坝”，一个叫多椰树的小山包。

故而，走进中屏镇，解读中屏镇，让我们从一棵多椰树酸呛的味道说起。中屏境内最高点为马哄山，最低点为普渡河峡谷的江口，呈山区、半山区、河谷地区地形分布，平均海拔 2000 米，气候相对冷凉。

传说，古时中屏一地，草海遍布，苇草如帘，多椰成林，细柳如烟。一入春夏，草肥水美，果香蔬鲜，即成鸟的天堂。画眉、鸠鸟、黄雀多聚椰林，啄其果，尝其汁，养其喉，因椰果酸呛，便叫得更加快畅。撒子坝中遍布的草海子，则是大雁的家园。“八月初一雁门开，鸿雁南飞带霜来”“孟春之月鸿雁北，孟秋之月鸿雁来”，每年秋分一过，北雁南归，信鸟回门，栖息于中屏撒子坝众海子中的大雁准时飞临，从不爽约。群雁栖息草海，觅螺寻虾，食苇食萍，人鸟相安，一片祥和。某年

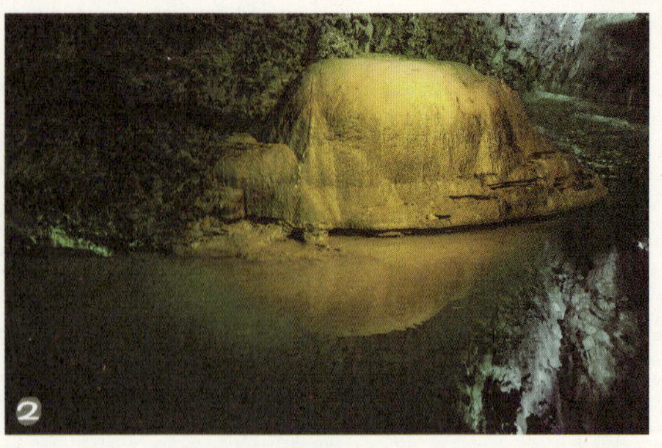

的某个初春，海子边上的人家发现了一件怪事。群雁结伴飞于草海上空，围着海子阵阵鸣叫，“伊啊，伊啊”地鸣叫了整整九天，才飞离而去。如临噩运的村民，万般惊恐之下终在草海边上发现一只死去的母雁，将其小心地埋于草海边上，捧土为冢，植苇为记！更叫人惊奇的是第二年初秋，仅有一只大雁单飞回到草海子边，围着那株新长的苇草，同样连续不停地啼叫了九天九夜。村民又一次觉得噩运临头，最终眼睁睁地望着那只孤雁飞而撞向岩子头。村民再度发现，这次撞岩而死的是一只公雁。

从此，草海边上无端多出两个小土包，疯狂地长着两苇草。

草海子村里德高望重的老族长大致说过一个意思，那是一只神雁，那是一位雁王，那更是一个情种。

那堵岩子，从此叫作“落雁岩”。

说起这个禽鸟界的爱情故事，很是遥远，很是凄美，其间酸楚并不能等同坝头椰果的酸呛。但这份从一而终的情、领头迁徙的责，确实感人至深，让人无理由不震撼。即便今天雁去海枯，这笔精神财富，这缕文化心香，也早已植根于中屏一地，浸润禄劝山水。

说完“孤雁殉情”的故事，再说“仙姑远嫁”的传说。

轿子仙宫，是禄劝旅游继轿子雪山开发之后推出的又一全新衍生产品。支撑景区开发建设的核心内涵，依旧与一个爱情故事有关。

轿子仙宫景区位于禄劝中屏镇草海子村，距昆明120公里，距禄劝县城50公里，是云南省洞穴面积最大、乳石发育最为成熟、洞壁色彩最为丰富的天然溶洞之一。景区以溶洞景观为主体，以河

❶金象出林

❷万年神龟

溪景观为辅助，以生态休闲为支撑，以民俗体验为补充，是集实景观赏与生态体验于一体的互补型旅游产品。

主景区溶洞景观全长3800米，洞内宽度1~30米，高差2~50米。作为喀斯特地貌的典型代表，洞穴发育成熟，地貌特征鲜明。溶洞内部洞洞互相贯通，各有厅堂；暗河段段呼应，皆取一向。水石相映成趣，洞河相生成景，虚实相对起势，小景叠加大景，自是别有洞天——既有别致小品之景，又有恢宏大气之作。溶洞景观形成"洞中有洞、洞中有山、洞中有水、洞中有天"的天然格局。洞内赏景，一步一景，景景迥异，鬼斧神工，奇幻无穷；洞外寻奇，山水环绕，飞瀑搭帘，清溪沐鱼，雅泉湿苔，绝美空灵。

轿子仙宫景区具有较高的科研考察价值。其发育成熟，对区域内喀斯特地貌类型、景观组合类型，以及植物多样性保护、动物群落分布，都能提供较好的参考价值。加之洞穴分布极广，种类众多，深入开展洞穴水文、气候、生物、矿物考察，对于研究区域古地质、古地理、古气候、古生态、古动物演化都能提供全面的考察样本。

于大众而言，前往中屏镇，信步轿子宫，沾些仙气，品个生态，图个痛快，才是心之所寄。

❶冰瀑神田

❷财富之源

若论当地时令鲜果，轰隆隆黄果是一绝品。单就取名就很牛气，中国仅有，世界无二。敢将果名像声呼，只缘此果产中屏。中屏黄果以个大、形美、味甜、汁多而闻名昆明市域。特别是产自轰隆隆一地的黄果，更负盛名，亦如西湖龙井、武夷岩茶，甚是珍贵，尤其产量极少，一般人吃不到。要吃上轰隆隆黄果，只有一个法子可以想，隔年预订，奇数年头订，偶数年头入口。吃完黄果，轰隆隆到底是啥意思，大部分人不知道；若问中屏本地人，大部分人也同样不知道。此为一怪，故称"仙果"。

走入农家体验，本地小锅酒工艺考察是一个好选择。体验农家酿酒工艺，最为有趣的是土酒曲制作环节。中屏本地酿酒，采用工业酒曲的极少，多选择自制土酒曲。一来料真材实，二来自己把关，可重复返工，可源头追溯，安全有着绝对保障。更主要的是，土酒曲制作过程中，需要加入数十味本地中草药，物物相通，药粮相通，粮酒相通。如此酿制出来的玉液琼浆，本地人称“土茅台”，一杯入口，周身通透，渐而人神相通，最终人仙相悦。

关于轿子仙宫，有着一个美丽的传说。

很久很久以前，中屏镇草海子村的大山底下，暗河深处，住着一条小白龙。此龙性情温和，心地良善，从不在中屏坝作恶使坏，天干则行雨，天阴即布云，确保一坝风调雨顺。一个冰天雪地的日子，寻得闲暇的小白龙变身为风度翩翩的年轻后生，前去轿子雪山游览，于天池边上遇到一位绝世仙女。此女乃是轿子雪山神鸟小凤凰变身。白龙遇金凤，才子遇佳人，两情相悦，一见钟情。后生赠以草海竹笛示爱，仙女馈还高山雪莲定情。只因仙女年龄尚小，老凤凰爱女心切，一直不曾应允此段恋情。饱受相思煎熬的小白龙，每逢农历七月初七，即约请草海子的雁王子与己同行，前往轿子雪山求婚。如是者三，终于感动了老凤凰。能与雁结伴，能与雁交友，此诚可信，此人可托。遂嫁小金凤于草海子。经年以

中屏轿子仙宫《观音圣殿》

后，老凤凰故去，小金凤思亲过甚，渐至卧病不起。又是雁王子想出周全良策，叮嘱小白龙修轿子雪山实景于龙宫之中，以解小金凤心疾。

其后，中屏一坝再无天灾，岁岁丰稔。

今日前往轿子仙宫，游人对洞中景观都会有一种似曾相识的熟悉，皆因洞穴景观，相近者甚多。若是看过轿子雪山美景的游客，这种亲切和熟悉则会更加明显。“一柱擎天”“冰河长廊”“天门宴仙”“玉女笙箫”“童子纳福”“神龟献寿”“观音坐莲”等景点，精美绝伦，让人目不暇接，同时，因为你的到来，还会产生新的文化认同。

多椰酸，黄果甜，苦荞苦，酒肉穿肠一辣子。

仙宫美，雁南飞，神来仙往风吹去，苦是中屏，辣是中屏，酸是中屏，甜是中屏。

或许“孤雁殉情”的故事太过凄美，故而，“仙姑远嫁”的传说里，禄劝人民为其添加了一片暖色。

禄劝中屏镇，果真是一个品得出滋味的地方。

❶ 瑞雪映朝阳

❷ 定海神针

文化
LUQUAN
寻甸县
石林县

第四章

对酒当歌，跳到日升月亮落

禄劝繁富绮丽的文化成果，或来自迁徙征战之间，或起源于五谷丰登之际，或产生于艰辛劳作之余，或迸发于两情相悦之时。代代传承的文明成果，推陈出新的艺术形式，繁富却不混乱，绮丽而不驳杂。

指引灵魂去远行

东川区
禄劝县
寻甸县

真实的呗耄群体，原来如你我一样，食人间烟火，行人间善事。通天达神，只是一种美好的愿望，呗耄们用所拥有的知识指导族人生产生活，用智慧开解族人的悲伤，安抚族人的情绪，是心灵的净化师和治疗者，更是彝族文明的传承者。

毕摩，彝族文化里一个特殊的存在。一群神奇的人物，有神奇的力量，充满神秘感。

在禄劝，对毕摩的发音为“呗耄”，意为“做长者所做的事情”，现在专指彝族祭司。

呗耄是彝族知识分子的代表，在彝文的传承史上，呗耄起着重要的作用。呗耄是彝族大家庭里掌握着文字的人，在彝文创造出来之后，是呗耄用这种古老的文字记录下本民族的历史文化，为彝族文化的传承和发展做出了重大的贡献。

呗耄历来以创造、保存和传承彝族文化为己任。他们用彝文撰写出了卷帙浩繁的彝文经典，一代代用“父传子、师传徒”的方式，把彝文传承至今。彝文文献是彝族文化重要的载体，涉及彝族传统文化的各个方面，在天文地理、历史文化、政治经济、宗教礼仪、哲学思想、医学病理、占卜预测等方面都有着重要的研究价值，是古代彝族智慧的结晶，也是中华民族古代文化的一个重要组成部分。

禄劝是彝族在金沙江南岸最早的聚居区之一，彝文典籍繁多，

呗耄火把节祭火

内容丰富驳杂，这其中就有呗耄们专门用于驱邪除魔的典籍和为亡灵指示归宗路径的《指路经》，为亡灵驱除疾病的《献药经》，甚至还发现了《齐书苏》等一批彝医典籍。20 世纪 40 年代初，在禄劝发现了彝文典籍 2000 余册。禄劝的彝族呗耄，在这片古老的土地上，用他们世世代代的守护，为国家民族留下了无价之宝。

祭祀是呗耄职业的一项重要内容，现在把呗耄称作一种职业已经不合时宜。也许在历史上，呗耄不仅仅是一种职业，更是一种高贵而体面的身份。但在眼下，呗耄们在时代的洪流里，早已泯然众人矣。在没有重要活动的日子里，他们或许在田里艰辛地劳作，或许在城市边缘的大小工厂里挥汗如雨。他们的光鲜和神圣，只在手捧典籍的祭场，走下神坛，合上奥古的经文，致富才是这个时代的主题。

祭祀是彝族原始宗教的重要内容，而呗耄则是祭祀祈祷、安灵禳灾、驱邪招魂等活动的祭司、执行者和主持者。彝族祭祀活动内容丰富，礼仪烦琐。按内容来分，就有安灵、指路、招魂、祭祖、禳祓、百解、祈祷、献药、祭山、祭龙等，而礼仪的烦琐程度，则需要呗耄拥有强健的身体、超强的记忆力作为支撑，当然更需要高尚的品德，不错漏、不刻意错漏。完整地做完一套祭祀即便对一个经验丰富的呗耄来说，也不是一件容易的事情。比如最为复杂的祭祖大典“耐姆”，程序有46道之多，时长达到7天或者9天；简短如丧葬安魂这样的祭祀，也需要3天的时间，在这3天里，有白天的祭祀内容，也有夜晚的祭祀程序。

在彝族山寨中，呗耄因为从事婚丧嫁娶中的择日、疾病灾难中的驱邪除魔、重大活动中的祭祀主持等工作而常常被认为能通天达神。事实上，在彝族社会中，他们因熟知自己民族的历史，通晓常人难识的行为规范，懂得一般的医疗知识，而在一定的地域和一定的族群中取得信任和敬仰。这种信任和敬仰能够世代保持，源于呗耄们对自己的严格要求。正是在他们手持经典的琅琅诵读声中，一个民族长期积累的生活智慧、生产经验、文明成果得以沉淀、厚积，构成了丰盈的民族文化和地域文化体系。

在呗耄的业务范围内，占卜也许是人们对呗耄误解的根源所在。

事实上，一万多年前的彝族先民就以八方、阴阳、五行等观念创造出了占卜。彝族的占卜种类繁多，大到战争中率部出征，祭祀治病，小到寻找一只丢失在某个山崖的羊，都用得到占卜。占卜的形式有稻草卜、丢鸡牲卜、鸡骨卜、鸡蛋卜、拃布卜等等。呗耄是彝族社会里正统的占卜者，他们的占卜活动根据占卜的经书和系统的理论进行，如《签卜经》《占梦经》《病卜经》等。一个正经的呗耄，不会为了贪图钱财而刻意欺瞒哄骗。当然，为了维护自身的权威，有的呗耄也会掌握一些奇门异术，有些异于常人的手段。这些手段一旦外露，就能令人瞠目结舌，比如“徒手入滚油”“赤足走刀锋”“舌舔火犁铧”“翻滚悬屋檐”“扬灰变马蜂”等等，以现在的眼光来看，应该是属于杂技、魔术一类的技艺。只不过对于独自行走于四乡八寨，甚至经常游走在省际的呗耄来说，越是玄虚，自身就越安全。在党的十一届三中全会

后，国家对呗耄的身份给予了肯定，对呗耄的名誉给予了恢复，从而对民族文化的重视掀起了彝区文化抢救和发掘彝族历史的热潮。

呗耄作为彝族文明中一个特殊的群体，长期被误读，尤其是被外族误读。撩开呗耄打卦作法的神秘面纱，其实呗耄并不是招摇撞骗的神汉，也不是通天达神的巫师，真实的呗耄群体，原来如你我一样，食人间烟火，行人间善事。他们身上寄托着彝族人对自然界的敬畏和热爱，对逝去的亲人的念想，对祖先的崇拜，对民族的认同和自豪，对知识的渴望和对未知世界的着迷。通天达神，只是他们的一种美好愿望，他们用自己所拥有的知识指导族人生产生活，用智慧开解族人的悲伤，安抚族人的情绪，是心灵的净化师和治疗者，更是彝族文明最重要的传承者。

呗耄的传习，是苦活计。一个真正能被人们敬仰的呗耄，需要从小学习各种典籍，其中的艰辛，不仅仅是枯燥乏味的念经识文。做呗耄需要天资，更需要板凳要坐十年冷的毅力，而为人正派、道德高尚更成为一个呗耄的底线。在日常生活当中，呗耄和普通民众一样，需要拥有勤劳的双手，特别是在物资匮乏的年代，毕竟祭祀活动一年没有几回，呗耄的酬劳也不会很高。呗耄的地位，只是人们的一种礼遇，更多的是意识形态上的尊敬，而不是能索取到多少财富。在以前，为亡灵做祭，呗耄会受到主人家高规格的接待，但一场祭祀下来，能带走的唯有祭祀用的一个羊头、一只羊脚、一张羊皮以及礼节性的钱币，作为酬劳。

近年来，呗耄这个职业难以为继，年轻人或者上学，或者打工，都远离山村，给呗耄的传习带来了严重的危机。很多曾经做呗耄的人，也出于各种原因放弃了这个古老而神秘的职业。每每有人去世，要请一个呗耄成了十村八寨头疼的事情。一些德高望重的老呗耄相继去世，灵魂追随着祖先的

祭祀

脚步去了神圣的“洛尼白”；一些年富力强的呗耄混杂在务工的人群中远走他乡……今日的禄劝，已经找不到年少的孩童，手捧典籍，吃力地念诵，把呗耄事业作为自己毕生的追求去努力、去憧憬。

历史的变迁注定了某些文化的逐渐式微，某些职业也必然在岁月的长河中归于沉寂，退出舞台，再也激荡不起浪花。呗耄这个群体在彝族的历史长河中没有随着统治阶级一起消亡，根源在于彝族文化对于这个群体的特殊需求。随着时代的发展，医疗水平的提高，驱邪除魔这类带有迷信色彩的活计少了，但是祭祀活动对呗耄的刚性需求却是融入骨血的民族认同——只要民族还在，只要祖灵筒还在，就会有祭祀，而只要有祭祀，肩扛重担的呗耄就一定不会彻底消失。

祈福

五月五，踩花山

山花烂漫，杜鹃花开。

时间来到农历五月，“三水一江”之地迎来一个五彩的季节。屈原故里汨罗春深，粽叶飘香，在远离楚地的罗婺故地，一个和端午节相重合，共缅怀的节日在五月初五这天掀起了春末夏初的一场盛大狂欢，这就是禄劝苗族花山节。

花山节也称“踩花山”，苗语称“阿依奥”，意为“大山上的欢聚”，是苗族的传统节日。“花山节”文化是苗族文化的核心，它维系着苗族人民情感的交融，也是人们认识苗族、了解苗族文化的窗口。

花山节至今已有2000多年的历史，因地区和苗族支系的不同，过花山节的时间也不一致。禄劝花山节为农历五月初五，既是苗族人民的传统节日，同时也是政府批准的法定假日。

苗族是一个浪漫的民族，花山节更是一个浪漫的节日。

在禄劝，花山节这一天，十里八乡的苗族群众，穿着盛装聚在一起，喝着牛角酒，吹着芦笙，跳起舞蹈，同时还举行爬花杆、对歌、斗牛、斗鸡、射弩等传统活动。近年来，苗族的服饰、刺绣等展览也在花山节举行的时候举办，织布、纺麻、刺绣等传统手工技艺的现场表演也在花山节亮相。

爬花杆是从古代征战中流传下来的一个仪式。

相传古代在战争后，苗族头人通过在山顶竖花杆的方式召

汤郎箐花山节芦笙舞

集族人。迁徙漂泊中的苗族先民，每年都在崇山峻岭间组织聚会，为明确聚会地点，在山上竖起挂满红绸和山花的花杆。苗族人民从四面八方盛装赶来，吹起芦笙，在山间载歌载舞，追忆故土，欢庆团聚。现在的花山节，是开放包容的花山节，不论是哪个民族，男女老幼都可以参加。

芦笙一响，脚板就痒，一年一度的花山节，在浪漫的歌舞中开始了。苗族是能歌善舞的民族，禄劝境内苗族自称“阿卯”，大部分自清代咸丰、同治年间由黔西北陆续迁入。在长期的迁徙中，伴随着他们的苦难艰难跋涉的，是世代传习的芦笙舞，是浪漫乐观的情怀。

当芦笙吹响，由四面八方聚拢的姑娘们银铃般的笑声，从密密匝匝的青松林里飘出，像精灵一样飞舞奔跑在五月的山野中。

花山节，是欢聚的节日，也是青年男女社交的节日，寻觅伴侣是年轻人节日的主题。牛角酒的威力让小伙子们耳热脸红，使他们

胆子大起来了，舞步狂起来了，口齿也伶俐起来了。在眉目传情的试探中，他们总能把心仪的女孩带到林子深处，对一段低吟浅唱的情歌，做一番推心置腹的长谈。

花山节的斗牛场上，一年一度的重头戏正在上演。热火朝天的场地上烟尘四起，那些精心喂养的斗牛怒吼着，尽情释放劈山的力量和细腻的打斗技术，为他们的主人争得荣誉。苗家汉子养斗牛，比对自己的老婆还上心，天冷了要给它垫厚厚的草，天热了蚊子多了，有的牛主人甚至还会给它罩上蚊帐。这一切，只为在斗牛场上一展雄风。苗家人挑选公牛作为斗牛培养，考量着经验和智慧，一个能相牛的汉子，简直就是伯乐一样的存在，受到四村八寨的尊敬。

斗鸡也是西南少数民族钟爱的体育娱乐活动。斗鸡场上同样围得水泄不通，斗鸡的打斗技巧令人看得如痴如醉。一只战无不胜的雄鸡老了，也会被四邻八乡争来抢去，让其英勇善战的基因传遍座座苗寨，好的鸡苗往往能卖出好价钱。养斗鸡、养斗牛既得了娱乐，也成了苗家人一条创收致富的新路子。

撵山打猎的传统生活方式渐行渐远，挽弓射弩的爱好却在苗寨代代传习。射弩是花山节必不可少的活动。苗家自制的弓弩精巧灵秀，泛着桐油的光。年轻弩手披挂着盛装，在女孩们的欢呼中胜出，收获的不只是一份荣耀，也许还会有爱情。

近年来，得益于政策的扶持，翠华汤郎箐、中屏芹菜塘相继建成了举办花山节等民族节庆活动的文化娱乐中心。同时，拔河、赛跑等活动也被纳入花山节项目。花山节俨然成了一个全民文化体育娱乐的盛会，主会场张灯结彩，来自县、乡、村的文艺节目，吸引着数以万计的观众。花山节的举办地点，大批外地游客蜂拥而至，融入苗家浪漫的节庆气氛中，或挑选琳琅满目的商品，或在汤锅宴上大快朵颐，或在观众席上饱览苗舞笙歌……当然，少不了的是入场时那一杯拦门的牛角酒。苗家人喜欢养牛，牛角质地坚硬，掏空了就是牛角号、牛角杯。不喝拦门酒，莫进苗家门。拦门的苗家女孩扯起长长的

❶花山节斗鸡

❷花山节斗牛

❶ 盛装待嫁的苗族姑娘

❷ 苗族婚礼

红绸，拦在必经的路口，想要逃过红绸和牛角酒的客人，总会被眼疾手快的姑娘们舞动红绸拒在绳外。在阵阵敬酒歌声中，姑娘们把牛角酒捧到你的面前，逃不过拦门的红绸，也架不住姑娘们的盛情，这一杯炽烈的美酒，就只能爽快地仰起脖子喝了！

山花烂漫，民族团结，各民族在这“三水一江”之地和睦相处。花山节的庆祝活动一年比一年盛大，苗家人的生活一年比一年红火。在苗族合唱团的天籁之声中，在芦笙舞的浪漫步伐中，花山节的含义不再是仅仅属于苗族群众的“踩花山”，而是一个各民族欢聚一堂的节日，并且正在成为禄劝的又一张文化名片，等待着四方宾客的到来。

禄劝有个狂欢节

彝族是激情似火的民族，激情一旦点燃，就极具爆发力和感染力。火把节，一个汪洋恣肆的“东方狂欢节”，辛劳了一年的彝家人，在这一天高举火把，高唱酒歌，祭祀火神，祈祝丰收。

季节轮回，时间进入农历六月。

天气逐渐闷热起来，谷物疯长，抽穗灌浆，满山的菌子就要破土而出。天上云层涌动，一场酣畅淋漓的雨水如期而至。雨水过后，一种酝酿已久的情绪便在禄劝的山山水水之间流淌。砍柴，扎火把，都精心准备着，在农历六月二十四的时候，迎来一年一度的狂欢。

火把节是禄劝境内彝族、傈僳族的传统节日。

关于火把节的来历和传说，彝族各支系有不同的版本。本地的传说里，很久以前，贪婪的天神派了两个大力神到人间搜刮财物和粮食，他们推倒房屋，摔死牛羊，彝族人民苦不堪言。在智勇双全的英雄阿提拉巴的率领下，经过九天九夜的战斗，人们摔死了一个大力神，另一个大力神逃去向天神报告。天神大怒，向人间丢下了装满蝗虫的盒子。蝗虫铺天盖地席卷庄稼，阿提拉巴让人们用松枝和箭竹扎成火把，火把在山谷间、平坝中、高山上四处燃起，把蝗虫全部烧死。勇敢无畏的彝族人战胜了天神，保住了庄稼，获得了丰收。这一天，就是农历六月二十四。

火把节起源的说法各异，然而不管在哪一种说法里，都是为了纪念一种英勇无畏的精神而流传下来的。彝族人对火有着传统的自然崇拜，祭火，是火把节最重要的环节。

禄劝彝族认为，火把节的祭祀和巡游是要让长出的庄稼像火把一样粗壮，要在家里和田地中驱邪以保人畜平安，五谷丰登。点着火把撒过松香的土地，庄稼才会长得好，才不会被害虫糟蹋。

朴素的自然崇拜，英勇无畏的传说，留给后人一个狂欢的节日。

六月二十四日的禄劝民族广场，太阳炽烈的余晖还在映照着涌动的云彩，盛装的各族人民已早早聚齐，每人手头一根的火把已撒上松香。在喧嚣沸腾的等待中，呗毫们在旌旗簇拥中缓步走上早已搭起的祭台，祭火仪式终于开始了。雄壮激昂的罗婺神鼓被敲响，在激荡人心的乐曲中，威严的呗毫手持柏

火把节彝族跌脚舞

枝，庄重肃穆地念起经文开始祭火。呗耄把吉祥的圣水洒向四方，祈祝罗婺大地一年的丰收和平安，各种牺牲供品在旌旗招展中由精壮的彝家汉子踩着节拍抬上祭场。庄严肃穆的祭火仪式结束后，一场盛大的歌舞表演拉开序幕，来自各乡镇（街道）的文艺表演精彩纷呈。一场原生态的歌舞表演结束后，广场中央冲天的火堆在人们的欢呼中点燃。手持火把的人们排着队纷纷上前，在火堆上点燃火把，一场千万人参与的火把巡游便点亮了禄劝的大街小巷。

火把节的祭火仪式上，在呗耄的带领下，罗婺神鼓震天响。端上吉祥水，念起吉祥经，整个祭火仪式庄严而震撼，一种发自内心的对自然万物的敬畏之情油然而生。

❶❷ 激情火把夜

火把节的狂欢，在火把中开始，在跌脚舞奔放的舞步中趋向高潮。禄劝的火把节，每一条街道都燃起火堆，各族群众裹挟着四面八方的游客，聚拢在火堆旁，吹起欢快的笛子，尽情挥洒汗水和激情。

跌脚舞节奏鲜明，简单易学，备受各族人民喜爱。远道而来的客人很容易参与其间，一起感受节日的狂欢。对酒当歌，跳到日升月又落。每逢盛大节日，整个禄劝便沉醉在歌舞的海洋里，通宵达旦地狂欢。在生活的节奏越来越快的今天，除了在节日恣肆狂欢，我们似乎已经回不到遥远的《从前慢》。

我爱禄劝，就像诗人雷平阳爱他的土城乡。

因为彝山苗岭里，有从前的日色。

因为彝歌苗舞中，有一生只够爱一个人的传说。

禄劝的火把节，是全民的狂欢，是歌舞的海洋。穿着盛装的青年男女，在对歌大赛中唱响彝腔苗调，浪漫的山歌引来无数的听众。充满智慧的对调总是即兴的，在打情骂俏、幽默诙谐的山歌小调中，派生出一种浪漫的情绪，赋予了火把节新的文化内涵。

火把节的庆祝活动一般持续三天，在彻夜歌舞的狂欢之后，又迎来一场斗牛大赛的盛宴。

斗牛活动在禄劝由来已久，禄劝的少数民族都十分热衷于斗牛场的狂欢。人声鼎沸的斗牛场上，一场场力与美的角逐在欢呼声中将节日的气氛阵阵推高。两头公牛舍命相撞的暴力美学刺激着人们的血性，激发着人们对力量的渴望和追求。

盛大的火把节，少不了磨担秋的身影。打磨担秋是彝族的传统体育活动之一，磨担秋是彝族民间十分流行的一种古老而传统的民族体育活动设施。盛装的彝族青年男女在磨担秋上上下翻飞，宛如天外飞仙。磨担秋是一种毫无保护措施的高空杂耍，参与这种活动，不仅需要娴熟的技巧，更需要过人的胆识。

罗婺神鼓

磨担秋由秋杆和秋桩组成，秋杆用长而细的红木树制成，秋桩需要质地坚硬、密度较大的黄栎树制成。秋杆长度达到 8 米多，秋桩的直径不少于 20 厘米，高度达到 3 米以上。磨担秋制作简单，使用起来却充满惊险与刺激。在传统的彝族村寨里，年年要支秋，人人会打秋。秋场内燃起篝火，青年男女各占一边，飞身上杆，随着秋杆不停地转动，两个人你蹬地走，我凌空飞，小伙子如雄鹰展翅，在秋杆上展示各种动作技巧；姑娘们如轻燕翻飞，灵动优美。秋场外人头攒动，跃跃欲试，阵阵喝彩。青春的气息弥漫在秋场上，一种与爱情相关的气氛在秋场上发酵、酝酿。

磨担秋的起源，与洪水神话有关。在彝族传说中，洪水淹天之时，彝族祖先得神仙指引，依托蜂桶和崖竹得以幸存。孤单的彝族祖先在神仙的指引下，通过制作磨担秋吸引了天上的仙女与之玩耍，并结成夫妻，繁衍后代。从此以后，磨担秋便流传下来，荡秋场也成了年轻人谈情说爱的社交场所。

如今的磨担秋，经过发掘和改进，已经成为一项比较规范的民族体育运动竞赛项目，并代表禄劝参加了昆明市民族传统体育运

动会，代表昆明市参加了云南省民运会，代表云南省参加了全国民运会。在火把节激情燃烧的狂欢里，磨担秋是最惊险刺激的活动。在相互较劲、相互配合的磨担秋上，爱情的种子在年轻人的心底悄悄生根、萌芽。总有幸运的小伙子，循着祖先的指引，找到自己的天神、自己的仙女。

火把节的大幕，在驱邪除害的火把中拉开，在汤锅宴通红的灶火中落下。

禄劝盛产黑山羊，在茫茫的高山草场、陡直的江边峭壁上，黑山羊宛如黑色的精灵，给禄劝人民带来财富、带来美食。禄劝的羊汤锅宴，在火把节里摆上长街，持续一个星期，不仅吸引着本地人，远方慕名而来的客人更是以能一饱口福为快。原汁原味的生态羊肉，在“头蹄内脏全部一锅煮”的熊熊烈火中翻滚。肥美的羊肉，就着简单的蘸水和后劲绵长的彝家小锅酒，在声声祝酒歌中，醉出一个民族团结的庆典，醉出一个激情似火的六月。

禄劝的火把节，是远在他乡的游子永远的牵挂，是远方客人心向往之的狂欢，更是带动经济发展的盛大贸易平台。依托火把节文化，精美的刺绣，典雅贵气的民族服装，精巧的手工艺品，生态绿色的农特产品，一批批销向远方。古老的火把节，在时代的召唤中，正被赋予更多的文化内涵，展现禄劝独特的魅力。

磨担秋

温柔了夜的时光

禄劝素有“彝歌苗舞乡”之美誉。在这片古老的土地上，各民族长久以来互相学习交融，在保有本民族传统文化的同时，形成了一些共通的文化形式。就各种歌曲的场合而言，除了在山野唱的山歌、情歌，在灵堂守夜唱的孝歌，女孩出嫁时唱的哭嫁歌，还有一种很特殊的歌唱形式——火塘曲。

禄劝山多平坝少，山高苦寒。

在20世纪90年代以前，农村洋房未兴，家家火塘红，户户炊烟起。

牛羊归圈，鸡鸭进棚，劈柴弄灶的晚饭过后，火塘里的火就旺起来了。火点亮黄昏，点起四村八寨的夜生活。烤茶的香味在陶罐里翻腾，老人们在火塘边叼起烟杆，史诗般的火塘曲在脑海里过一遍，单等后生们聚拢、围坐，然后清清嗓子，开始了火塘曲的传习。

火塘曲流传于彝族、汉族等多民族间，是禄劝境内一种很特殊的文化形式。从歌唱的场合来讲，火塘曲也称为家歌，它是和山歌相对的。在禄劝、武定等彝族聚居区，凡是在山上唱的情歌，无论是腔调和歌词都一律不能在家里唱，不能在婚丧嫁娶等大庭广众之下以及长辈和家人面前唱，否则就会被视为伤风败俗，唱歌的人也会被指责为不懂礼貌，没有伦理道德。彝族火塘曲，绝不能有谈情说爱的内容，特别是男女对唱时，不能出现相互爱慕和传情内容的歌词，只能表达相互见面的喜悦心情和赞美，更多用于结婚、搬新居和喜庆节日的互相祝福，也有一些是反映彝族历史文化、社会生活以及风俗习惯和伦理道德的。当然，鞭挞假恶丑，歌颂真善美，也是彝族火塘曲的重要内容。在火塘曲的传唱中，人们可以获得智慧和启迪，增长知识，掌握礼仪，懂得为人处世的道理。

火塘是禄劝彝族火文化的集中体现，彝族对火的崇拜，多是围绕着火塘展开的。彝族谚语说："生于火塘边，死于火堆上"。彝族围绕着火塘产生的文化活动，世世代代流传了下来。这些文化活动有基于对火的自然崇拜，有驱邪避灾的迷信活动，更承载着彝族民间口头文学的传承。

彝族的历史、家训、传说、歌谣、谚语、礼仪大都是围绕着火塘传承下来的。依托一个永不熄灭的火塘，依托一个烤茶的土罐和一碗传递着喝的家酿小锅酒，在一个个生动的故事里，一首首火塘曲中，包含着礼仪、禁忌等民俗的一种区别于其他民族的文化就这样历经几千年积淀下来了。

听着火塘曲，仿佛置身于远古先秦，带着悠远的古风，火塘曲成"雅"成"颂"，更带着"礼"的气质。

在讨亲、嫁娶、节庆等欢乐的时候，老人们围着火塘，向青年人叙述本民族的历史起源，歌颂本民族英雄，讲述民间传说，宣传本民族的伦理道德和价值观。老人们悠悠地唱，青年人认真地学。火塘曲结构严谨，古朴典雅，有咪嗷、挪依、道嘎、皂处、纳嘎等类别。其内容十分丰富，涉及礼仪、婚嫁、乔迁、祭祀、节庆等方方面面。其中，咪嗷、挪依、道嘎、皂处等几种形式歌词固定，但可以用很多种曲调和旋律进行演唱。具体来说，咪嗷短则三段，长则七段，其中又由三节构成一段，是火塘曲里一种相对较长的诗歌形式，旋律婉转，尾音拖得很长，听起来十分悠长。咪嗷是侧重于开天辟地的创世史诗、古歌，涉及宗教和祭祀、迎亲、送亲、哭嫁等内容。

挪依也是常用于说古的一种火塘曲形式，为一人独唱或者二人合唱的说唱方式。挪依整曲不分段，声调短促，节奏简短，如今能演唱的人已经很少了。

道嘎是一种说唱形式更突出的火塘曲。其节奏短促，为独唱。

在禄劝彝族文化学者张炳廷老人整理的火塘曲中，有一套反映会客礼仪的歌曲，完整地反映了迎接远方客人的一整套礼仪流程。每个程序都有相应的唱词，彝人迎客，要出门到路口迎接方显隆重，不失礼节。主人家拎着酒壶，拿着酒杯，在路口等候。客人来到的时候，倒酒相敬，在客人脚下撒上寓意吉祥的青松毛，唱起《路口接风酒》。

由于客人旅途劳顿，不宜多在路口耽搁，所以接风酒一般以短促的道嘎形式演唱。客人迎进门，落座，这时候，更多的人参与迎客的礼仪，以皂处的形式唱起“迎客调”。迎客调表达了主人家对客人到家的欢喜，更通过一路经过的自然万物表示了客人带给主人家的吉祥如意。迎客调之后，就是“斟酒调”，主人家把酒杯斟满，唱起歌。

在会客的礼仪中，斟酒调唱完之后，客人也参与歌唱。所谓来而不往非礼也，主人家先唱起“启唱调”，邀请客人唱歌。启唱调之后，客人要对上一首“谦虚歌”，然后整个拉歌活动在你来我往中，伴着酒酣耳热，伴着火塘里熊熊跳跃的火焰直至深夜，万籁俱寂，整个山村沉浸在浓浓的情谊中。

相对于以上几种形式，纳嘎是最为自由的火塘曲，没有固定的内容和曲调，歌词内容可以即兴编唱。纳嘎多在婚庆、乔迁等喜庆场合演唱。

随着经济社会的发展，年轻一代大量外出，快餐文化流行，以及基督教文化的渗透，彝族传统文化正以惊人的速度在消失，彝族聚居区的人对于传统文化的需求越来越小。彝族火塘曲也难以幸免，处境越来越艰难，以至于像挪依这种形式，禄劝全境也只有几个老人还能唱上几曲。当然，也有一种发展得很好的，就是相对自由的纳嘎。在禄劝每一个有彝族的地方，只要有婚庆乔迁，总能听到优美狂放的彝族酒歌，这种相对即兴的唱法就属于纳嘎这种火塘曲的范畴。

彝族火塘曲，以口头文学的形式，传承着民族文化，体现着民族精神，和呗耄掌握的彝文典籍一起，双双矗立在彝族文化史上，是彝族文化的硕果和丰碑。

禄劝境内，汉族的火塘曲同样十分丰富，与彝族的火塘曲一样，不得有谈情说爱的内容。在很长的一段历史时期内，禄劝境内的汉族教育，大部分依托火塘曲这种方式流传。

汉族的火塘曲，内容上可分为知识性的和故事性的，以及说理性、劝世歌类的。汉族的火塘曲普遍为七言一句，押韵，讲求韵律美，兼有比喻、对仗、拟人、夸张等常用修辞手法。知识性的火塘曲以《盘歌》为代表。所谓《盘歌》，其形式为一人盘问一人作答的形式，和流传于昆明坝子的《猜调》如出一辙。

故事性的火塘曲，广为流传的有《樱花告状》《老段休妻》《割肝救母》《毛货郎》《小寡妇上坟》《去瞧郎》《去瞧亲》《菜阳花》等。故事性的火塘曲属于叙事长诗类，在叙事中抒情是其一大特色。

说理性、劝世歌类的火塘曲有《教姑娘》《十六杯茶》等。在女孩子上不了学的那些岁月中，一大批火塘曲成了女孩们规范行为的约定俗成的教材，是女孩出嫁前的必修课。

作为一种依托火塘而存在的艺术形式，汉族的也好，彝族的也罢，火塘曲正在随着火塘的逐渐消失而衰败，这似乎是历史的必然。当然，彝族火塘曲的衰败有其繁文缛节的不

合时宜。汉族火塘曲中也存在大量的封建礼教的糟粕，那些老艺人坚守的，也许只是对往昔岁月难以割舍的情节，在他们斑白的双鬓上，在他们苍老的歌声中，在他们日渐浑浊的双眸里，传承，已经到了需要歇斯底里发出呐喊的时候。

历史的车轮滚过，碾压出一条现代化富国强民的康庄大道，日渐远去的岁月，尘封了许多灿烂的民间文化。在禄劝旅游文化的富民之路上，火塘曲这种带有地域标签和民族特色的文化不应该被丢弃。当文化的火把高高燃起，罗婺大地上，我们应该会听见火塘曲再次唱响，再次在新时代焕发出生命力，熠熠生辉。

彝族火塘曲

情歌唱了一整夜

东川区
禄劝县
寻甸县

“吃山酒”是禄劝黑彝支系男女青年集体相约在野外对歌、谈情说爱的一种习俗。情人约会是男女个人单独约会，是个人行为，与情人约会不同，“吃山酒”是集体约会，是村与村、寨与寨之间男女青年相识、相知、相爱的主要途径。

唱起欢乐的彝调儿

“娥依说”是彝族篝火文化内容之一，俗称“吃山酒”，意为嬉戏、取悦、说笑。是禄劝黑彝支系男女青年集体相约在野外对歌、谈情说爱的一种习俗。每年节庆和农闲时间都是兴旺时节，一年之内除下雨天不便活动外，平时里并没有什么限制和约束，一般不在人前张扬，还有些避讳。“吃山酒”要避开邻里、长辈和家人，到远离村落、相对隐蔽的地方活动。这是彝族注重尊老敬老、文明礼貌的一种体现，认为在长辈面前谈情说爱是不文明、不礼貌的行为。虽然长辈们嘴上不说，却是心知肚明，因为他们也是这样经历过来的。因此，“吃山酒”也就成了一种不公开而默认的供年轻人娱乐的习俗活动，也是彝族青年男女相识、相知、相爱的主要途径。

“吃山酒”首先要约定好时间、地点，一般是男方主动与女方约定，赶集、走亲戚、看电影都是约定的好时机。男方往往会推举能说会道、口才流利、善于表达的伙子与姑娘约定，女方也由人缘好、有组织能力的姑娘应约。约定后，男方通常会向女方索押约定物，如手镯、头巾、帽子之类的东西，待赴

❶ 彝族少女

❷ 甘彝族盛装

约时再还给女方。到约定日期，双方早早做好准备，天黑后，各自找借口避开家长，悄悄到村外集中，再到约定地点会合。姑娘、小伙会合后，找一僻静处，燃起一堆篝火，围坐火旁，说说笑笑，气氛活跃。男方热情地给女方递送糖果，小伙子相互间喝转转酒，欢声笑语中慢慢进入对歌环节。对歌是青年人表达情感用诗歌演唱的一种形式，有固定式、即兴发挥式、固定与即兴混合式。这种表达青年人情感的曲调和内容就是人们常说的情歌。由于情歌的曲调和内容只能在野外唱，所以它又叫山歌。对歌分一定的步骤，按对

歌的程序和内容分，有起调、主调、落调，由浅入深，循序渐进，步步深入。起调是对歌开唱部分的内容，主调是表达情感的主体内容，落调是整场对歌最后的收尾部分。按对歌的方法来分，有攻、有守、有盟、有反。攻是主动起歌方发起的攻势；守是答复起歌方的回调；盟是对歌双方意思表达紧密相连、环环紧扣，一唱一和、内容贴切，表达情感最常用的一种方法；反就是反调，内容大多是相互挖苦、讽刺数落，这种调一般不常用。对歌前，双方都不轻易起歌，总要相互谦让，只有男方先邀请式地唱上几调或数调，吊足女方胃口，对方才会开唱。当对歌进入一定状态，双方找到了默契和感觉，对歌才逐渐转入情感表达，往往以花、草、树、木、日、月、山、水、风、花、雪、雨等作比喻，寓意深长，曲调委婉，唱得如痴如醉、情意缠绵。随着情感交流的步步升级，姑娘小伙海誓山盟，倾诉衷肠，对歌进入了高潮。当远方村落传来报晓的鸡鸣声，天边露出破晓的曙光，分手的时候到来。姑娘小伙难舍难分，在恋恋不舍的歌声中依依惜别。分手时，男方还会向女方约定下次聚会的时间。这种习俗已相传了近千年，直到 20 世纪 90 年代中期还很盛行。

哭着调子去嫁人

我们习惯了现代婚礼的甜蜜幸福，以及笑得花枝乱颤的新娘子，面对曾经那个穿着民族盛装，红布蒙脸，坐在火塘边哭得伤心欲绝的新娘子和一群陪哭的姑娘，就会让人一头雾水，这难道是一场不幸的婚姻？这难道是一个女孩就要踏入人生的灾难？

要知真相，得先走近彝族。

哭着嫁人，哭是真哭，嫁也是真嫁。

彝族的传统婚姻是十分注重“礼”的。男女青年有恋爱的自由，但婚嫁必须由父母和舅舅做主。一般要经过说媒、定亲、过礼、迎娶、回门等礼仪程序。男女双方相中后，男方请媒人到女方家提亲，女方家喝了男方带来的酒，就表示同意了，也称作“吃小酒”。然后是订婚。订婚的时候，女方家宴请亲朋好友公开女儿婚事，也称作“吃糖酒”。订婚后，媒人要与女方商议聘礼，送聘礼称为“过礼”。过礼后，商议结婚的日子，到时候亲朋好友带上礼物赴宴祝福，才是结婚，“喝喜酒”。

在姑娘出嫁的前两晚，新娘的闺房就已经布置妥当，从小一起长大的伙伴们带着小礼物，穿上盛装聚在姑娘家里。姑娘家准备好一床花毡子，哭嫁的时候，毡子摆在火塘边，姑娘们把新娘子围在中间，唱起《哭嫁调》。一起成长的点滴，渐渐酿成离别的伤感。互相感染中，姑娘们便互相簇拥在一起，在一个领唱的低吟浅唱中，哭嫁便拉开了序幕。

姊妹要出嫁，明天嫁他乡，

难舍我姊妹，从此各一方。

谁教我织布？如何把麻纺？

绣花跟谁学？歌要跟谁唱？

哭嫁调，也称哭嫁歌。在彝族文化里，哭嫁调属于火塘曲的一种，又是火塘曲中最为特殊的类型，是一种“未成曲调先有情”的吟唱，是一种为嫁而唱的歌谣、一种为嫁而哭的仪式。

彝族文化有着丰富的内涵，哭嫁是其中一个很有代表性的符号。彝族哭嫁歌，往往运用大量的比喻、排比、夸张等修辞手法，处处体现了独特的浪漫色彩，有着丰富的感染力。

男大当婚，女大当嫁，是人生的规律。结婚是喜庆的事，哭着嫁人在彝族中也是传统，代代传习。

说传习是有原因的，哭嫁，从情窦初开的小女孩时期就要学习，直到自己出嫁的时候，才是哭嫁的主角。

哭嫁歌有固定的曲调，大同小异的歌词，但是唱段却不是一定的。随着情绪的起伏变化，有对包办婚姻的控诉，有对媒人的讥讽诅咒，有对男女地位不平等的抗争，有对父母养育之恩的感激，也有对亲友、对故乡山水草木的眷恋。心里的牵挂和留恋不舍到哪儿，歌也就唱到哪儿。歌声中伴着哭腔，唱完一段，也许接着便是一阵嘤嘤的哭泣，哭声弱下来，歌声又起。

彝族迎亲

彝族婚礼演唱纳嘎现场（一）

感谢父母的养育之恩，是哭嫁调的主要内容。

长久以来，彝族的婚姻也少不了包办的影子。敢爱敢恨的彝族姑娘，在一代又一代的包办下也不得不委曲求全，恨命运的不公，恨媒人棒打鸳鸯，哪怕是自由恋爱的婚姻，也要假装愤怒地骂一骂无辜的媒人。豪爽的彝族人，对姑娘的宽容体现在出嫁的时候，有“嫁日姑娘尊，祭场亲尸大”的规矩。出嫁的时候，平日里举手投足都要听从长辈的女孩是可以尽情任性的，言行自专，随心所欲，长辈也不加指责。对包办婚姻的不满，可以发泄在父母身上；媒人这个略显尴尬的角色，就更是众矢之的了。于是，在哭嫁歌里，就会有调侃甚至咒骂媒人的唱段。

对父母的埋怨，也在唱词里有体现。从古老的唱词里，可以窥见包办婚姻的影子，发泄的就是对包办婚姻的不满，是一种对“男尊女卑”思想的直白反抗，是一种对“男女平等”“生儿生女都一样”，儿子和女儿应该一视同仁的呼唤。

在彝族婚俗的哭嫁里，有哭嫁，就有劝嫁。作为母亲，也会请几个妇女围在火塘边唱“劝嫁歌”。

母亲的唱段和女儿的唱段一唱一和，离情凄凄。在聆听哭嫁调的时候，心绪总会被母女那一声声的不舍，一句句的牵挂，一声声的呼唤，撕扯得五味杂陈，就算听不懂彝语歌词，仅仅是那回环反复、凄美忧伤的曲调，已经能把旁人带入那种情境之中——歌者声泪俱下，听者触景生情，泪涌难抑。在“劝嫁歌”中，在诉说生儿育女的艰辛和骨肉分离痛苦心情的同时，还有教给女儿出嫁后要如何伺候公婆和关心丈夫等日常生活琐事的细枝末节。

禄劝彝族的哭嫁歌里，最具代表性的一首，当属《雪落乌蒙山》。

乌蒙山即轿子雪山，是禄劝境内最高的山峰。这首长长的哭嫁歌，几乎包含了哭嫁歌的各种艺术手法，堪称境内彝族民歌的经典之作。

高高雪山顶，落雪飘九层。
九层飘雪中，八层雪已化。
一层何不化？为何它不化？
它在等什么？
它等太阳光，阳光到来时，
有不下的雪，没有雪不化。
乌蒙半山腰，马缨花九棵。
缨花九棵中，八棵已开放。

一棵迟不开，缘何花开迟？
何事它所待？
它等春风来，春风吹来时，
只有不生树，没有花不开。
乌蒙山脚下，淑女生九个。
九个淑女中，八个已出嫁。
唯有一个囡，不嫁就不嫁。
为何囡不嫁，囡在等什么？
囡在等媒人，媒人一来到，
只有不生女，没有女不嫁。

彝族婚礼演唱纳嘎现场（二）

这首歌旋律优美，回环反复，从山顶唱到山脚，运用自问自答、比兴、排比的修辞手法，通过雪和马缨花等自然万物的对比，唱出了女大当嫁的道理。在彝族学者张炳廷老人整理的《哭嫁歌》

中，将这首歌细分为劝嫁歌，是安慰就要离开故土，离开爹娘嫁做人妇的新娘子的歌曲。

情真意切的哭嫁歌，扣人心弦，辈辈相传。歌中有女儿惨淡的愁绪，有磅礴的大山，有牧羊的草场、砍柴的林莽。歌中有一个民族的悲欢离合、喜怒哀乐。当时光来到21世纪，深藏大山的彝族人慢慢从封闭走向开放。在民族融合的大时代背景下，那些唱着哭嫁歌出嫁的女孩已渐渐老去，风华不再。当十里八乡的火塘被填平，出嫁歌已然成了孤独的煮妇在现代化的厨房中独自吟唱的心绪，似乎再也无法传承给下一代。

时代进步，生活节奏越来越快，无可避免地让一些古老的文化现象消亡。但有意思的是，随着技术进步，特别是网络平台的推手作用，那些信手记录下来的文化现象被年轻人在抖音、快手、微信等网络平台上不经意地传播出去，一些即将消失的传统文化突然被注入鲜活的生命力，得以继续传承和发扬。

我们呼唤文化的回归，在未来的某一天，哭嫁调能成为一个地方旅游文化的标签，走出大山；或者让山外的人寻着它悠远的韵律，走进来。

文化韵
LUQUAN
禄劝
寻甸县
石林县

第五章
吃得掉多少，图好玩不是么

不记得从何时开始，禄劝人多了一句口头禅：吃得掉多少，图好玩不是么？换一个表达方式，就是文绉绉的“莫笑农家腊酒浑，丰年留客足鸡豚”。

禄劝，是多美食的地方，是吃货的天堂。

打开一扇通往禄劝的门，坐上一辆开往禄劝的车，你会发现，吃货的人生里，禄劝不可不往。

漂洋过海来吃菌，十里春风不如你

漂洋过海来吃菌，十里春风不如你。

从山野的厨房到大街小巷的餐馆，每当一缕缕菌子让人难以抗拒的鲜香弥漫开来，禄劝人的餐桌上，一季的饕餮盛宴就开始了。

禄劝多山，山里人得益于大山的馈赠，山珍自然是山里人最具代表性的美味。

禄劝的山珍，被外界所熟知的，首推菌子。禄劝是野生菌的世界，从低海拔的金沙江边，到高海拔的轿子山麓，都有这些自然精灵的踪迹。

禄劝的野生菌之所以远近闻名，种类繁多是其一，产量巨大是其二，名贵美味的菌子更是诱人的所在。

西南季风吹开了夏季，一场淋漓的雨水过后，原始森林里的香蕈最先在潮湿的枯木上长出。头顶露珠的香蕈伞面光洁，泛着红铜般的颜色，摘一朵放在嘴里细细咀嚼，味道鲜嫩，脆生生的，满嘴清香。在野生食用菌的家族里，香蕈是羞涩的探路者，在原始森林里，静静地等待采摘。香蕈是适宜熬汤的菌子，每年 5 月的第一拨雨水过后，就可以品尝香蕈小葱的味道。

在香蕈大批上市之后，雨水逐渐丰沛，飞蚂蚁在彻夜的雨水中漫天飞舞、交配。飞蚁出窝之后，深埋在飞蚁巢穴里的鸡㙡开始拱土。鸡㙡的生长环境和香蕈截然不同，海拔相对较低，红土里、

沙砾里、荒草丛中、房前屋后，甚至家里院里，都会长。伴随着鸡纵的出土，各种各样的菌子就在禄劝的沟壑山林中争相亮相。

漂洋过海来吃菌，十里春风不如你。

从山野的厨房到大街小巷的餐馆，每当一缕缕让人难以抗拒的菌子鲜香弥漫开来时，禄劝人的餐桌上，一季的饕餮盛宴就开始了。在漫长的食用野生菌的历史中，形成了花样百出的食用吃法，蒸、煮、煎、炸、炒、炖，甚至于烧烤，每一种烹饪方式都能品出同一种菌子的不同味道，每一种吃法都是对味蕾的刺激和满足。近年来，菌火锅成为禄劝人吃菌子最流行的一种方式，乌骨鸡汤配上多种菌子一锅煮，鸡汤的醇厚和各种菌子的鲜香巧妙地融合在一起，迸发出来，飘荡在桌子上，充盈整个屋子。

野生菌中含有多种微量元素和氨基酸，有清热除烦、补虚提神、强肾养血等功效。不仅如此，野生菌的蛋白质总量很高，而且组成蛋白质的氨基酸种类也十分齐全，有十七八种。尤其是人类必需的八种氨基酸，几乎

都可以在野生菌中找到。丰富的蛋白质和氨基酸提供的鲜味，也是野生菌口味鲜美的奥妙所在。

一季的野生菌催生了相关的各种行业，为禄劝人民带来了经济实惠。禄劝野生菌交易市场，在整个产菌季节里人潮涌动，从夏初持续到秋末。

钓胜于鱼，比起坐享其成地吃菌子，拾菌更是禄劝人生活中的一大乐事，是禄劝人难以割舍的乡土情怀。羊肚菌、干巴菌、青头菌、牛肝菌、鸡油菌、猪拱菌、奶浆菌、黄赖头、一窝羊、虎掌菌、北风菌……这些散发着浓浓乡土气息的名字，成了整个夏秋季节里人们生活中的常用词。

莽莽群山，菌子总比拾菌人要多的。漫山遍野的拾菌人，运气好的收获满满，运气不好的权当爬了一次山，活动了筋骨。每到周末，约上三五好友，拖家带口地进到山里玩上一天，回来约着吃一回菌火锅，在匆忙的生活里，逐渐成了禄劝人在产菌季节里交际、休闲的一种方式。

带有泥土气息的野生菌

唱一出“三黑戏”

依托得天独厚的自然环境，在悠久的蓄养历史中，禄劝培育出了很多独特的禽畜等地方优良品种。近年来，地方政府致力于本土优良品种的选育与宣传，乌骨鸡、黑山羊、撒坝猪等本地品种得以大力推广。依托乌骨鸡、黑山羊、撒坝猪的“三黑戏”，开拓了一条产业发展的新路子。

乌骨鸡是禄劝的地方优良品种，早在明代即已享誉全滇，因历史上禄劝长期隶属武定府（直隶州），现境外多称其为武定壮鸡。乌骨鸡品种的形成，与自然环境分不开。民国十五年（1926 年）童振藻《禄劝县志稿·畜牧》记载：“禄境山多泉甘草茂，适于畜牧……家畜家禽饲养之调查，鸡 12000 只。”禄劝的地理环境适于鸡的生长发育，日照充足，杂草繁茂，虫蚁颇多，动物性饲料资源丰富，土里、泉水中矿物质和微量元素较多，这样的生长环境，使得乌骨鸡生长快、体型大。除了自然环境的影响外，禄劝在一段历史时期内，交通的不便阻隔了外来鸡种的进入，形成了相对封闭的育种环境。在山区，为了防止疫病的流行，家家有留种鸡的习惯，自孵自养，只外售，不买进。乌骨鸡体大味鲜，在长期的留种选育中，形成了一个遗传稳定的种群。

乌骨鸡不仅是餐桌上的美味佳肴，而且具有极高的药用价值，是很多滋补药品的主要原料，可以补气血、调月经。在禄劝民间有乌骨鸡炖附片的食疗方法，可以治疗四肢厥冷、心腹冷痛、脾胃虚寒、头昏耳鸣等症状。

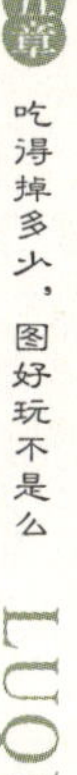

❶ 生态养殖乌骨土鸡
❷ 乌骨壮鸡
❸ 乌骨凉鸡

杀鸡不问客，进门酒一杯。

在禄劝的风俗里，走亲串戚少不了带一只壮硕的乌骨鸡。有朋自远方来，满院子甚至满山坡捕捉散养的乌骨鸡是祖祖辈辈的传统和礼仪。

吃羊汤锅是禄劝人的传统，在物资匮乏的年代，只有农历五月的祭龙、花山节，六月的火把节和婚丧嫁娶等盛大的聚会，才能煮上一顿羊汤锅。

羊汤锅是一种豪放的烹饪方式，其简单的烹饪手法，带着

野炊的山野风情。在临时搭起的简易灶洞上，支一口直径1米左右的大铁锅，将宰杀好的山羊解剖、清洗、切块之后，连皮带骨伴着草果、砂仁、花椒、香叶等调料放入大锅中，再倒进适量的山泉水。锅灶下的柴火熊熊燃起，在不断地添加柴火的等待中，沸腾的大锅里渐渐有了羊肉的香味，熬到骨酥筋烂的时候，就可以出锅了。

禄劝黑山羊是汤锅宴最佳的原材料。黑山羊多散养于普渡河、金沙江两岸的山坡上，耐粗饲，适应力和抗病性强，屠宰率高，肉

质细腻鲜美。在茫茫的高山草场、陡直的江边峭壁上，黑山羊宛如黑色的精灵，为禄劝人民提供了美食，更带来了财富。

如今以禄劝黑山羊为原料的汤锅宴，遍布各乡各镇，县城的大街小巷。在火把节和花山节的狂欢时，更是摆成一条长长的汤锅街，代表着吉祥的青松毛从街头铺到街尾。持续一个星期的汤锅宴不仅吸引着本地人，远方慕名而来的客人更是以能一饱口福为快。原汁原味的生态羊肉，简单的蘸水，构成了一道奔放的佳肴，也成就了一种彪悍的民族风情。

❶ 则黑普渡河边的生态黑山羊

❷ 禄劝黑山羊

❶ 黑山羊汤锅
❷ 黑山羊蹄子

六月二十四火把节，凤家古镇推出的黑山羊大汤锅盛宴，一次可以满足千人左右同时就餐，是禄劝每年火把节时向八方来客推出的重要饮食文化品牌。

人怕出名猪怕壮。

在禄劝各地的山坡上，就奔跑着一种又壮又出名的“撒坝猪”。撒坝猪以地域冠名，是因为撒坝地区是禄劝本地土猪的集散中心。撒坝猪的历史形成，与禄劝自然环境和人民生活需要有着密切的联系。

历史上闭塞的交通条件，“小群闭锁，近交繁殖”的选育方式，形成了纯系亲缘群猪种。由于海拔的差异，撒坝猪在长期的饲养中形成了大、中、小三个类型。从外貌特征上看，三个类型的区别也很明显。

撒坝猪是一个优良的地方品种，容易屯肥。生态养殖的撒坝猪，肉质鲜嫩，肥而不腻。禄劝山多，放养撒坝猪是一种既节省粮食，又锻炼了猪的体质的方法。放养过的猪体格健硕，一群群在山坡上奔跑的撒坝猪，在农村叫"拖架子"。拖架子是青年猪比较普遍的饲养方式，只等猪的骨骼长成可以育肥的架子，才把猪赶进圈里，让它饱食终日，日渐慵懒的猪好吃贪睡，育肥的速度也就快了。

以撒坝猪为原料的撒坝火腿是禄劝人钟爱的美味。当白雪覆盖山头，过年的气息渐渐浓烈，年猪宰杀时发出的叫声此起彼伏。在宰猪饭的喧闹渐渐散去之后，传统撒坝火腿的制作便在寒冷而漫长的冬夜里开始。撒坝火腿选取猪的后腿制作，经验老到的制作者在猪腿完全冷却后，将猪腿摊在木制的大盆里，用适量的盐巴反复拍打揉搓，力度要达到把猪腿血管中残存的血水揉搓出来。经过反复搓揉的火腿要压上重物，然后是腌渍、洗刷。洗刷干净的火腿要挂在干燥通风的阴凉处自然风干。风干火腿是一个漫长的时间段，当夏日

的风裹挟着湿气掠过高高悬挂的火腿，蜡黄的表皮长出绿绿的干霉，在轻轻的拍打和掂量里，一个完美的火腿，便在严重缩水后，在主人满意的笑容中大功告成。

脂白肉红的撒坝火腿，蒸煮炒烩后发出的醇厚的香味，令人回味绵长。传说中，风干三年以上的火腿甚至可以生吃。也许，腌制本身就是一种漫长的烹饪。

撒坝火腿

深藏记忆中的豌豆粉

在县城通往轿子雪山的途中，有两个必经的小镇——九龙和转龙。九龙和转龙在普渡河东岸，口音相近，风俗相亲。在两个镇子的休闲广场上，一种特色小吃以它独特的风味满足着一代代河外人的味蕾，也成为一种游轿子山必须要尝一回的地方小吃——豌豆凉粉。

豌豆凉粉是用豌豆粉调制熬成的一种地方小吃。在禄劝，在悠闲的广场上，一把把大伞罩下是一个个小摊。古拙的条凳，陈旧干净的桌子，盛满凉粉的簸箕、瓷盆和装满各种作料的瓶瓶罐罐，加上一个饱经沧桑的婆婆，就构成了小摊的全部。没有吆喝和叫卖，小摊上的节奏静谧而缓慢。没有客人的时候，小摊的时光似乎是静止的，太阳慢慢变换着角度，小摊的伞也挪了几挪。在一次次的挪伞中，一批又一批的食客轮换，一盆又一盆的豌豆凉粉在落日余晖中只剩下盖凉粉的纱布。

豌豆凉粉的特色，在于调料，而调料少不了酸汤。搭配九龙凉粉的酸汤，叫“豆腐酸汤”，是制作豆腐后的卤水一样的东西。经过发酵和贮藏，豆腐酸汤有着浓香的豆腐味，酸得沁人心脾，没有醋的呛鼻，没有柠檬的炽烈，温和的酸、醇厚的酸就像小摊上缓慢的时光。配上豆腐酸汤的九龙凉粉，调上芝麻油、辣椒油、花椒油，拌上少许葱花和香菜，酸辣爽口，满口生香。转龙凉粉的酸汤，多用腌萝卜汤。转龙山

区种植着满山遍野的萝卜，冬春季节，家家腌制酸萝卜。酸萝卜汤比豆腐酸汤的酸度稍高，介于醋和豆腐酸汤之间，带着萝卜的清冽和甘甜。

豌豆凉粉味美价廉，是老老少少都喜欢的小吃。近年来，应游客的需求，在大盆的凉粉旁边，也有很多盛在小碗里的凉粉摆在摊上，把碗翻过来倒扣，轻轻一拍，滑腻金黄的凉粉便可以整个地倒出来，方便游客带走。

美味的凉粉，时光凝固的凉粉摊，在每一个清晨和黄昏，都值得细细咀嚼，慢慢品味。

转龙凉粉

红糖鸡蛋酒，越喝越有

土红糖、土鸡蛋、小锅酒仿佛是天生的绝配，三种地方特产可以调制出一种禄劝彝族人热衷了上千年的饮品，在禄劝的饮食文化中成为一个具有浓郁地方色彩和民族风情的代表。

“有”这个字，在禄劝方言中可以独立成词。形容一家人富裕，往往就一个字，这家人“有”。有酒要喝，越喝越“有”。

不喝鸡蛋酒，白来彝乡走。

在禄劝彝族人的传统里，用鸡蛋配上土红糖，加入些胡椒、草果、姜等香料，调入煮沸的白酒用以招待客人，是节日、婚庆的风俗。煮沸的白酒散发出浓重的酒味，加入红糖后变得温和而香甜，在经验丰富的调酒师调制的鸡蛋酒里，蛋花丝丝缕缕，在酒中轻轻飘荡，宛如盛开的鲜花，更像漫天的柳絮。鸡蛋酒的口感像一个美妙的传说，伴着姜和胡椒的轻微辛辣，入喉清爽，回味香甜。在阵阵的祝酒歌中，解乏、祛风，能给远道而来的客人迅速补充能量，恢复精力，更能预防感冒，尽显主人的好客。斟满一杯鸡蛋酒，就是斟满了一种待客的智慧；饮尽一杯鸡蛋酒，就是饮下一杯情谊、一杯祝福。

土红糖是普渡河、金沙江河谷地带的特产。立体的气候使

得低海拔的河谷干热而丰饶，河谷中的人们世世代代种甘蔗、酿甘蔗酒、制土红糖。

在过去的十多二十年间，随着糖价的下降和其他农产品价格的回升，甘蔗种植越来越不赚钱，禄劝河谷地区的甘蔗种植也越来越少。榨糖这种耗时费工，又没有多少经济效益的传统手艺，也逐渐淡出了河谷的生活。废弃的糖房长满蒿草，失落的糖模也被劈成柴火，一种古老的技艺面临失传。

随着物流行业的快速发展，人们对生活品质的追求越来越高。生态、绿色的农产品成为健康生活的保障。土红糖制作的技艺，在濒临失传的时候迎来了生机。

则黑青年杨玉福是个善于把握商机的人，经过家传和求教，终于掌握了土红糖的制作技艺。土红糖的原料是一种绿皮甘蔗，在对杨玉福的采访里得知，绿皮甘蔗熬制的红糖色泽鲜艳、带有浅浅的金黄，像通透的宝石，而红皮甘蔗熬制的红糖却色泽深暗，质地不佳。当种植基地里的甘蔗长到可以收割的时候，土红糖的制作就开始了。削去表皮的甘蔗在机器中榨出新鲜的汁液

❶ 禄劝红糖主产区则黑小田坝

❷ 红糖原料绿皮甘蔗

❸ 成品土红糖

❶ 熬好装进糖模的红糖
❷ 熬糖水的六连灶

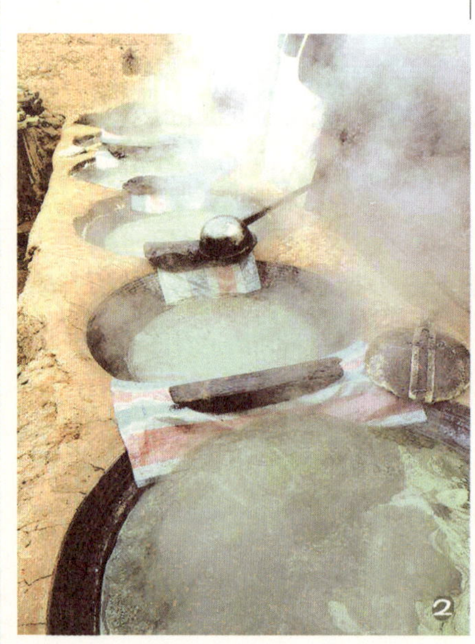

后，糖房的大灶里，火就要旺起来。熬糖的大灶十分壮观，灶台上从灶门通向烟囱，一共有六口大锅，称为“六连灶”。六连灶是一种十分科学的设计，既节省了柴火，又不浪费热量，更重要的一点是，在灶台上操作起来能让整个熬糖工序简洁而流畅。根据熬制的火候，水分的多少，熬糖师傅把糖水从第一口锅舀进第二口，第二口的舀进第三口，以此传递，最后一口锅里舀出来的糖水就可以倒入糖模。在这样的循环轮回里，整个熬制过程井然有序，永远没有空着的锅，灶台上没有手忙脚乱，一个人就能完成。

土红糖的制作，处处考究。糖模的制作需要选取质地坚硬而且没有毒性的木材，在刨得整齐光滑的木头上，凿出一个个碗状的坑，再将坑壁

❶ 包装好的土红糖

❷ 红糖鸡蛋酒

和底部磨平、抛光，一块糖模才算做好。糖模的制作可以根据需要做成大小不一、形状各异的样子。

土红糖的包装，既生态又环保，节省成本还防潮。砍下成熟的甘蔗后，甘蔗叶便保存起来。在干燥的环境中晾干后，就是包装红糖最好的材料。

当一摞摞包装好的红糖进入仓库，杨玉福静静地坐在公司古朴的茶桌后，把玩着陶制的糖模，静静等着来自互联网、手机的订单。

禄劝小锅酒，杯中情深，碗里谊长

禄劝人的生活离不开酒，禄劝小锅酒是禄劝人引以为自豪的佳酿，是居家、迎来送往的必需品。哪怕是从不饮酒的家庭，也会备上一罐，招待不期而至的客人。

“哪里有酒哪里醉，哪里有铺哪里睡。”

在外地人眼里，每一个禄劝人都仿佛豪情万丈的江湖侠客，策马啸西风，腰别大酒壶。

禄劝小锅酒以河逸的云龙小酒和河外的乌蒙小锅酒为代表，云龙酒温润，乌蒙酒暴烈。按酿酒的原材料来说，尤以苦荞酒和高粱酒为最佳。小锅酒的酿造，源远流长，工艺复杂。在彝族流传至今的火塘曲古歌中，有一首《酿酒歌》记录了彝家小锅酒的酿造和饮酒习俗。

药草要几种？
要二十七种。
样样配齐了，
酿出好酒来，
敬客人一口。

泉水要几种？
要二十七种。

样样配齐了，
酿出好酒来，
敬客人一碗。

粮食要几种？
要二十七种。
酿出好酒来，
敬客人一壶。

相聚喝好酒，
不唱一两调，
不解相思情。

这首歌通过“二十七”这样一个数字，道出了小锅酒酿造的不易，充分证明了禄劝彝族悠久的酿酒历史，体现了彝族热情好客的传统。

在另一首《敬酒歌》里，反映了禄劝彝族喜爱酿酒的另一个原因，就是祭祀。酒是祭祀的必需品，在交通闭塞的年代，只有自己酿酒，才能祭祀天地和祖先。

酒药十二棵，
一棵长深谷，
一棵在高山。
深谷高粱酒，
高山苦荞酒。
一碗酒祭祀，
先斟一碗酒。
酒端在何处？
酒端祖面前。

祖妣笑盈盈。
再斟一碗酒，
酒端在何处？
酒端老人前，
老人来叙谱。

禄劝小锅酒是真正的纯粮酿造，小锅酒的得名是因酿酒时用木制的小甑子和一口小锅做蒸馏，一次出酒很少。小锅酒的酒曲多为秘制，一般掺有天然药材。

“相聚喝好酒，不唱一两调，不解相思情。”

禄劝人的“好饮”，是因为珍惜缘分；禄劝人的“豪饮”，是因为情深谊长。

话说回来，玩在禄劝，还当真吃不掉多少，吃的是热热闹闹，喝的是情深谊长。

❶禄劝小锅酒
❷鸡蛋小锅酒

送你一块花围腰

东川区

禄劝县

寻甸县

每一种文明的形成，都历经千年的积淀。在彝族绚丽夺目的刺绣和服饰背后，是一个民族深邃的文化。彝族刺绣据考证可以追溯到三国以前，距今最少有1700年的历史。

作为土生土长的禄劝彝族人，在我的记忆中，那些与女性有关的穿戴，印象最深的就是花围腰。围腰在彝族女性的生活里，无疑是十分重要的，不系围腰就仿佛如今的出门不化妆，甚至比化妆更重要。因为哪怕不出门，哪怕只在家里围着锅碗瓢盆忙活，围腰也是必须系的。围腰是彝族最为特色的组成部分，盛装的围腰上挂满银饰，走起路来叮当作响。

禄劝彝族支系纳苏妇女喜系围腰，以黑色或蓝色布料做底。绣制围腰，那是最有讲究的，头上一般要绣上一朵比较紧密鲜艳的盆花，中部一般要绣一大朵艳丽的富贵花。腰部用白布为底缝制左右各一条飘带，上绣蝴蝶、石榴、花草等图案，反结于后腰为摆。也有的直接用银链做飘带腰索，用一根细细的银链杂以彩色丝线缠绕，挂于左右两侧围腰边纽扣上系紧为饰。

关于围腰，彝族民间有一个传说。

在很久以前，一个美丽的彝族妇女十分聪慧，她的智慧让仙人心生嫉妒。于是仙人来到凡间，找到这个女子家里。女子的丈夫在地里干农活，忽然迎面来了一个骑着高头大马的人，

❶ 着彝装的彝族老人

❷ 姊妹花

着盛装的彝族老人

这个人骑着马问女子的丈夫："你这样辛苦，一天要挖几十几百锄？"问得女子的丈夫哑口无言。这天晚上，丈夫将白天发生的事告诉了妻子。女子对丈夫说："你太憨厚了，你见到的是仙人啊。如果明天他还来，你就要反问他，你的马一天走几十几百步。"

到了第二天，仙人又骑着高头大马来到女子的丈夫干活的地边，又问他："你这样辛苦，一天要挖几十几百锄？"丈夫想起妻子的话，反问仙人："你的马一天要走几十几百步？"问得仙人无以对答。

第三天，仙人骑着高头大马来到地边，吩咐女子的丈夫回家要做好九十九道菜、摆七十七双筷子和一百碗饭，等次日

他来吃。这天下地回家，丈夫一五一十地将仙人白天说的话告诉了妻子。女子说，你别急，你只管将韭菜割好就行。次日，仙人来到这对夫妻家里吃饭，却只看到桌上有九碗韭菜做成的所谓九十九道菜、七双上了漆的筷子和一碗白米饭。

仙人吃过饭，在上马的时候，一脚踩上马鞍，一脚落在地上问：你说我是要上马还是下马？女子跨在门槛上反问：你说我是要进门还是出门？

仙人认为这个彝族女子实在太聪明了，如果不加以克制，将来会危及男子的地位。于是，在他离开时到地边送给了女子的丈夫一块花围腰。晚上，女子的丈夫下地回家，将仙人送给他的礼物拿给妻子看。妻子被花围腰上绣着的美丽图案迷惑得走了神，禁不住将它系在了胸前，殊不知花围腰就再也解不下来了。

从此，这里的彝族女人整天只是痴迷于花围腰上的花花鸟鸟，整天只是缝缝绣绣，不再去关心其他事了。

彝族妇女的绣花衣

这个传说中，隐隐有男性的霸权，似乎可以梳理出一丝母系社会

123 省级非遗传人游定美的刺绣作品

向父系社会过渡的脉络，充斥着男尊女卑的色彩，但同时也体现了彝族女性的聪慧和心灵手巧。

禄劝是多民族地区，长期以来，各民族在这片土地上繁衍生息，创造了缤纷的文化。绚丽的刺绣，像一幅江山画卷，在禄劝大地上铺展开来，就是一部暗藏密码的浩瀚历史。

“不长树的山不算山，不会绣花的女子不算彝家女”。彝族女子擅长刺绣，能否绣出美丽的服饰，在过去是彝家衡量女子是否心灵手巧的标志。一针一线，蕴含着彝家女子对美好生活的追求和向往。每个彝家姑娘都有一个绣制精巧的针线包，用以放花线、花边及各种绣制图案。白天黑夜，田间小

憩或其他闲余时间，她们便习惯飞针走线，绣出幅幅精美图案。当漂亮的花朵在她们的手中渐渐开放时，对未来的憧憬也随之盛开。

从前，五六岁的女孩子便开始学习挑花刺绣，到了十几岁就要自己缝制衣服和鞋子。从前，做一件女式的彝族服装需要 3 个多月。由于她们白天都要下地做活，大多数的刺绣都是在晚上或是午休时间完成。女孩子在绣花时，一般先请花样高手用纸剪出漂亮的花样，然后缝在布料上，再依图案配线配色进行刺绣。也有不剪花样的，直接在布料上画出花样，然后再对照着花样进行刺绣。

彝绣

刺绣是禄劝各族文化的重要载体和文化表述，但是随着现代经济的发展，加之做传统服饰工序繁杂，耗费时间，服饰穿戴复杂又不便换洗，日常生活中就渐渐不穿传统服饰了。到如今，更是很少有人愿意学习剪纸、挑花、刺绣，即使有学习刺绣的，都要到了十几岁才开始学习，而且根本不能单独完成整件的衣服制作。即便绣出了衣服，也很少有人会在日常生活中穿戴，只有到了节日，如六月二十四火把节或赶街、做客时才可以看到各族姑娘穿戴民族服饰。这样，传统的民族刺绣工艺就慢慢失去了以往的地位，民族服饰渐渐被现代的服饰所代替。

随着民族传统文化渐被重视和旅游业的发展，传统的民族刺绣又开始被人重视。传统民族刺绣品已经不单纯作为服饰，还成为人们喜欢的礼品和旅游纪念品远销省内外，甚至走上了世界舞台。民族刺绣历史悠久，博大精深，是中国传统民族民间工艺的重要组成部分，也是禄劝少数民族文化的重要组成部分。传承、保护和发展民族刺绣工艺，让民族刺绣创造经济价值，在彝城新都的刺绣街、凤家古镇的阁楼里，已经拉开了序幕。

着盛装的苗族姑娘

LUQUAN
寻甸县
石林县

第六章

人生有幸须当咏

禄劝之于外人，其闻名原因总绕不开彝族和轿子山。早在唐德宗兴元元年（784 年），轿子山就被南诏王僭封东岳。在彝族文化中，轿子山是一座神圣不可侵犯的神山，众多彝文经典都将它确立为彝族发祥地和灵魂归属处。“物高且厚莫如山，洁而白莫如雪……志不高心不厚不可对此山，身不洁事不白不可对此雪。”历史的画卷，在漫长岁月里镌刻出禄劝一个又一个美丽的印记，一段又一段火热的情怀。遥望雪山，他们的目光流出了爱，他们用诗人情怀表达对一方土地的热爱，在禄劝文化史上，留下千古文章，万种诗情。

檀萃的禄劝时光

是檀萃厚重的文字，挖掘出被时空湮没的历史。今天我们能认识禄劝的过去，了解禄劝，特别是凤氏家族的过往，不能不感谢檀萃，不能不感谢他对禄劝文化倾心尽力的推动。

作家臧克家有诗云：“有的人活着，他已经死了；有的人死了，他还活着。”在禄劝的地方史上，清乾隆年间的知县檀萃，就是一个虽死犹生的人。

活着的，不是檀萃的躯体，而是檀萃厚重的文字。今天我们能认识禄劝的过去，了解禄劝，特别是凤氏家族的过往，不能不感谢檀萃，不能不感谢他对禄劝文化倾心尽力的推动。

檀萃，安徽望江县人，清乾隆四十三年（1778 年）知禄劝县事。

禄劝地处偏僻，千百年来，民役于土酋，教化未开。看到禄劝还是蛮荒之地，文化极其落后，学富五车的檀萃决心有所作为。

常言道：“新官上任三把火。”檀萃到了禄劝，同样没忘记烧他的三把火。这三把火，一是“兴学”，二是“调查”，三是“著书”。

到任后的檀萃，用诗词文章、道德礼仪教化人民，“凡政之有利于学校民生者，次第举行”，兴养立教，矻矻孜孜。因念地方科第乏人，文风待振，择子弟之颖慧者，收而栽之，耳提面命，俾不狃于积习，不安于小成。一年后首开乡试，得门生 14 人。他尊重知识、尊重人才，家里时常高朋满座，其同乡周剑溪、亳州人刘常丝、诸暨人陈缙云、定远人王生墉、楚雄人徐文耀、禄劝人戴圣哲等，都是家里的座上宾，在一起品茗饮酒，谈古说今，赋诗作文。因为檀萃的到来，荒蛮之地禄劝，开始呈现“一湾玉带白云轻，二水洟笼绕古城。最爱春风秋月夜，竹篱茅舍读书声”（檀萃《幸邱山》）的文化生态景象。

为官之道，各有章法。檀萃以文章理学为治政之本，为政禄劝期间，“性嗜学，爱民教士，谆谆不倦”，“劝民务农，兼植树木，士民崇仰之”，才到禄劝一年，地方就很安宁，县府“垂帘终日，政声大著”。檀萃的生前好友——望江知县师范在《默斋传》中说，正是因为檀萃在南疆不遗余力的训诫，“禄劝戴君圣哲举庚子，历任湖北州县。而元谋张君周镛同师，亦举孝廉，破两邑天荒。”其着力训诲的弟子中，戴圣哲中乾隆庚子（1780 年）举，成为地方史上有记载的第一位游宦省外的禄劝人。

调查，源于对禄劝过往的好奇，始于对这片山水的热爱。为了全面了解禄劝，他“有山必登，有泉必饮”，一步一步丈量禄劝的高山河谷，探本求源；为晓风土人情，他“剔藓读

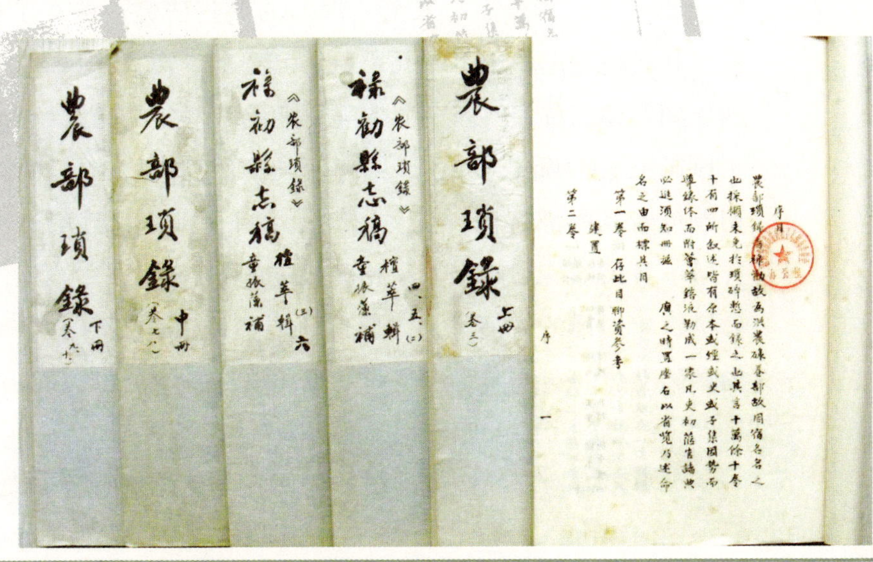

檀萃《农部琐录》残藏本

碑，访求故老”，稽古证今。所到之处，不是看过即丢，而是“凡足迹所经而以目纂者，辄随手札录”。因此，在他为政禄劝两年的短暂时间里，编纂县志一部，撰写山水游记十九篇，诗词若干，为禄劝人民留下了宝贵的精神财富。他的《蒙岳记》《白塔山记》等文章，对区位与名称描写很独到。不同名称皆有来历，寥寥数句，即让人知晓。这样叙写，字词精练，描述准确，令人叹服。

著书这把火，是檀萃为自己烧的。檀萃游山玩水的爱好，刨根问底的精神，渊博的学识，让他有了写作的基础，而他勤于思考、随看随记的习惯，让他为官一任，记录一方，其著作集历史、地理、民俗、方志、艺文于一体，自成一家。

禄劝历史上，出过几部方志，其中《农部琐录》便是檀萃在禄劝任职期间所著，这是禄劝的一部地方志，也是云南地方名志之一。这部志书所记载的内容，清康熙五十八年（1719 年）前的事，多据前志以及清王清贤《武定府志》收录，而记康熙五十八年（1719 年）后之事，则皆为先生劳心、劳神、劳力续补。先生在“序”中说：“其言十万余，其卷十有四，所叙者皆有原本，或经或史或子集，因势而导，缘体而附，荟萃镕液，勒成一家。凡吏初莅官，诸典必进须知册，兹录而广之，时置座右，以便省览。”

《农部琐录》具有重要的历史认知价值和文化传承意义，记录了檀萃知禄劝时的社会历史面貌，尤其难能可贵也是其最大贡献的，是他对禄劝彝族社会第一次做了全面、系统、深入的调查研究，保存了极为完备的彝族史料，其影响远远超出了禄劝一域。其中的《凤氏本末》，记述了南宋孝宗淳熙年间罗婺部首领阿而至清乾隆末期约 600 年间彝族凤氏土司的历史，叙述了凤氏土司的源流，叙述了由阿而起至索林止的土司的传袭情况，记述了土司制度及其内部结构，很多记载，填补了前人记述的缺项。《种人》篇里，存录了各民族既迥然相异又相融成趣的生存状态；《爨语》篇里，檀萃开了彝语汉字对译的先河，为“后世研究彝族语言提供了翔实的资料”。他对境内彝族文化的实地考察，是对“黑彝最完备的记录，说明檀萃对彝族社会的了解，已达到了前人无可相比的高度”。

如果没有檀萃的记载，禄劝的历史、文化将会留下大片的空缺，显得十

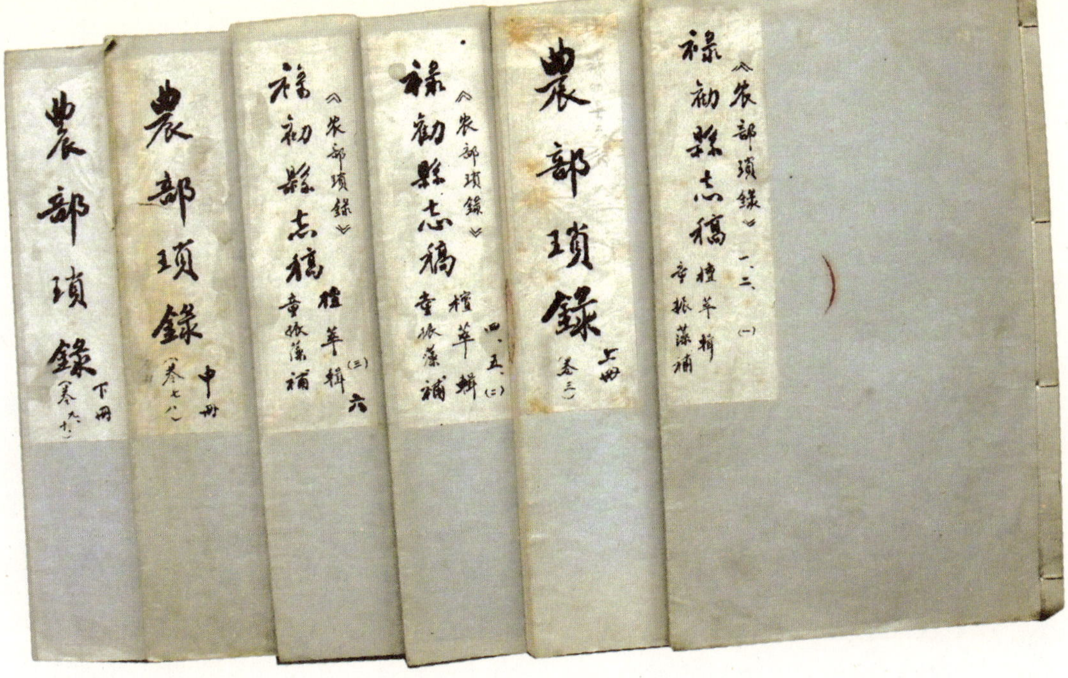

《农部琐录》

分苍白。

只是，檀萃书生意气，踏实干事，为人正直，不问前程，无意中便得罪了达官显贵，后“以傲罢令，且获罪”。

一心求上进，广做公益事，刚正不阿，为民谋福祉的檀萃，仕途累计不足七年就画上了句号。人生悲剧，降临到檀萃身上。59 岁的檀萃，才不为用，晚年便自号白石、废翁，大有怀才不遇，不曾好好报效国民，以至于抱恨终身的感慨。

官场失意，学海得意。一个满脑子都是学识的人，唯有教书育人，著书立说，才是他最得心应手的事。对官场失意这件事，“先生处之淡然”。对讲学的事情，先生却热衷非常，“惟日聚生徒讲学”。讲学之余，笔耕不辍，终成为旅行家、诗人、学者、方志家，学子争相师从。在滇 20 年，他先后编著有《禄劝县志》《元谋县志》《蒙自县志》《浪穹县志》《顺宁县志》《广南县志》《腾越州志》《滇南山水纲目考》《滇海虞衡志》等 10 余部地方志书。

嘉庆四年（1799 年），年纪大了的檀萃想到叶落终有归根之时，于是往曲靖方向离开云南，经贵州，到湖南、湖北，一路东行。在黄鹤楼下，他还为《滇海虞衡志》写下自序。嘉庆六年（1801 年），客死江宁。

在禄劝，先生身已远行，却名留千古！

“云南诗魁”梅绍农

袁嘉谷《卧雪诗话》称“绍农诗如翔鹤经天，飞鸿戏海，往往得自然之妙”。又说“绍农诗如桑麻闲话，字字皆真”。知名学者李士厚评价梅绍农：“东陆堂中无敌手，屏山（指袁嘉谷）帐下有传人。”

参加工作之初，有前辈对我说，你是禄劝人，又是学中文的人，那应该读一读梅逸老师的诗作，他的诗，代表了禄劝诗词的最高水平。那时刚从学校毕业，读过古典文学中太多的好诗词，没把这话放在心上，也没问梅先生是何许人。后来听到梅老先生辞世的消息，见到云南大学中文系马子华教授称梅逸是“云南近代诗魁”，才发现自己学识浅薄，孤陋寡闻，觉出了无限的遗憾。如果之前对地方文化多一些认识，对梅老多一点了解，那么定然会在梅老过世之前去认识他，看看他的仙风道骨，听听他的诗词评说。

梅绍农（1903—1992），禄劝屏山南村人，原名宗黄，号南村，中年以后，改名梅逸，晚年自称白沙老人。绍农本是笔名，后来成为通用名。新中国成立后，受命组建禄劝文化馆并兼馆长。1972 年退休。1984 年，为县政协副主席，连任三届。

梅绍农的父亲益斋先生是位饱学之士，工诗词，在清朝最后几年当过省议会议员。20 世纪前期，参与编纂《禄劝县志》（民国）。这部县志，是新中国成立以前禄劝最全面的一部地方志。

梅绍农出身于书香门第，深受父辈影响，自小酷爱诗词。年少

梅绍农诗集《奢格的化石》

奢格的化石

梅绍农 著

时，便因作控诉统治者穷兵黩武给普通民众带来深重灾难的《野老叹》而名扬乡邻。14 岁，考入昆明私立成德中学，所作的四言诗《秋兰》和五言诗《村居》让同学惊叹，老师高伯礼甚至怀疑，这不是他写的，是有人为他代笔。在学校，每遇喜怒哀乐，就写诗词寄托情怀。他的诗词在学校渐渐传开，老师、同学发现他果真是“腹有诗书”，方消除对他的误解。毕业时，他将平时的诗作结集为《古香楼诗稿》。高伯礼先生看后，大加赞赏。

1923 年，东陆大学成立，考入预科，继升文科。大学里，文科教授是清朝最后一届云南经济特科状元袁嘉谷先生。绍农把旧作《古香楼诗稿》和进东陆大学后写的诗稿求教于教授。袁先生看到后，非常赞赏，在所著的《卧雪诗话》一书中称“绍农诗如翔鹤经天，飞鸿戏海，往往得自然之妙”，又说“绍农诗如桑麻闲话，字字皆真”。在诗卷批词中，袁先生对绍农寄予厚望，留下了“嵌奇之致，日进无已，再读太白明远之作，扩充其才，他日让汝出一头地”的批语。袁先生编印《东陆诗选》时，把绍农的诗词放在卷首，对绍农可谓是关爱非常、厚爱备至。知名学者李士厚先生评价梅绍农：“东陆堂中无敌手，屏山（指袁嘉谷）帐下有传人。”

大学期间，受五四新文化运动影响，转而从事新诗创作。民国十三年（1924）5 月，创办《云波》文学杂志社。《云波》一出刊，为沉寂的云南文坛吹起了一股清新之风，轰动一时，深受读者欢迎。第三期开始，远销北京、上海、广州等地，全国青年作者、读者纷纷投稿和订阅。著名作家艾芜的处女作《湖滨》，就是由梅绍农编发面世的。

叙事长诗《奢格的化石》是梅绍农以禄劝七星庄村悬女岩传说为背景创作的诗歌。作品发表后，梅绍农将这首诗连同已发表的 20 余篇诗作，寄给在广州中山大学任中文系主任的郭沫若，向郭先生请教。郭老读后，复函予以肯定和鼓励。郭沫若回信说："今天偶然又翻出你的诗来看，见到《奢格的化石》一篇。我一口气读下去，读完，我说这篇叙事诗不错。当时穆木天先生和我在一起，他也连声道，'不错！不错！我也读过了'……"受到郭沫若先生的肯定和勉励，梅绍农的创作热情更加高涨，相继创作发表了《菩提树下》等诗作数十首。梅绍农所作新诗，除发表在《云波》外，还在上海创造社的《洪水》《幻洲》，复旦大学的《白露》等刊物发表。《白露》第二卷第五期发表了梅绍农的《平行线的悲哀》，编者汪宝瑄特予推荐，说："这篇诗剧在我们《白露》上，确占水平线以上，请我们青年作家留意。"

这一时期，梅绍农创作的新诗多数是爱情诗，二十世纪二三十年代的爱情，远没有今天自由。那个年代的爱情诗，倡导自由、人权、平等、法治、民主、科学等新人生论，同样是一柄利剑，直刺封建礼教的心腹。艾芜在《奢格的化石·序》中指出："六十年前的时代……那是封建残酷压迫的日子，为'五四'运动思潮激起的年轻一代人，都在大力反抗。每个年轻人都受旧式婚姻的磨折，向往着恋爱的自由和个人的解放，其中产生了不少的悲剧。梅绍农的好些诗章，唱出了爱情方面的悲歌。他的诗深受创造社的影响，而且得到郭沫若的称赞，足见他当时的努力和成就，他还利用民间少数民族的传说故事写叙事诗，在当时算是为诗歌开辟了新的道路，值得赞扬……"

东陆大学毕业之后，梅绍农辗转州县"风尘为俗吏"，先后任宜良中学、南菁学校、昆华工校教师，文教视察员，省立武定中学校长，省教育厅秘书等职。脱离了时代浪潮，新诗的创作似乎缺乏了灵感，梅绍农觉得旧体诗词更能体现一个诗人没有遮饰的真情实感，于是与新诗决别，重新拥抱古体诗词。

在《哭李桐曾兄》中，他对自己的诗词做了简单的概括："我独无所长，爱好在文章。侈谈杜工部，小诗喜晚唐。词中爱三李，纳兰亦浅尝。"他见物写物，见景写景，见人写人，见史写史，他"随时作，随地作，逢人作，遇事作，喜怒哀乐作，悲天悯人作，

表彰忠义作，考古证今作，甚至海内海外、国际国内，与夫名山胜水、新风旧俗之可作者，亦无所不作”，“举凡我省之历史地理，风土人情，以及名胜古迹，奇闻轶事，均为其吟咏之对象”（《梅绍农诗词选·序》）。

看乡村风景，过乡村生活，寻乡间情趣，梅绍农写下《乡居》《山村晚步》《山村》《丰收在望喜作》《第多村后晚步》《荒村情》《雨后村边闲步》《山居晨起》等众多的田园诗词。其中某些诗不乏优美的意境，如“晚风习习气清和，爱听幽禽婉转歌。绿树荫浓人语静，苍然暮色四山多”“初日曈曈山气清，林荫道上少人行。桃花落尽晨风定，野鸟时闻三两声”等，在他眼里，乡村总是一片静谧风光、一幅舒适的图画。

出游，有近有远，脚步走到哪里，诗歌就写到那里。《翠湖》《大理城》《凤家城怀古》《龙三藏吊明惠帝》《重游狮子山》《重游圆通山看早梅》《楚雄孤山亭晚眺》等诗词，或凝重，或奔放，写景有“一抹烟波抱树流，春风吹上九龙秋。最怕细雨轻寒日，时见杨花落钓舟”的婉转细腻，也有“秋草茸茸起暮烟，凤家城在翠微巅。土官盛时思商胜，寂寞荒山五百年”哀思惆怅。

梅绍农为人真诚善良，重情重义。亲友、老师去世，他就写下悼亡诗。一个初中同学十多岁时病死，他唱出了他的第一首悼亡长歌《哭子沛并序》：“萧飒秋风兼夜雨，淅沥似隔寒窗语。想象精灵暗来前，欲向故人说酸楚。故人未及临君棺，招魂万里路漫漫。遥对春申一痛哭，天风吹泪几时干。”一位好友去世，他作了《中元之夜哭李子让》：“瑟瑟金风吹月明，哭君无地只吞声。半生傲骨终何用，廿载深交信有情。乱世英才多寂寞，故乡豺虎尚纵横。今宵又值中元会，碧落沉沉望玉京。”与他一起创办《云波》的同学李纤去世，他写下《吊李纤兄》：“岱晟峰冷吊光侯，滇海文章老病休。每忆云波思旧侣，不堪月影照边州。卅年梦断音书绝，一夜风凄草木秋。呜

梅逸

咽螳螂川上水，相随壮志付东流。”每一首诗都发自肺腑，每一句话都感人至深。

梅绍农先生作品很多，难以枚举。他一生看淡名利，除诗歌之外，别无他求，如他一首绝句所云：“松声已静蝉声幽，天际云间自在流。最爱僧房贪午睡，绝无一梦到公侯。”

在文化馆工作期间，他严谨治馆，克己奉公，为禄劝文化馆、图书馆的发展壮大倾注了半生心血。他还举办各种培训班，培养了不少青年诗词创作人员。

梅绍农先生的诗词，到晚年达到炉火纯青的境地，然由于年迈而能吟不能书，不少精品随口而吟，随风而散。现存他自编的旧诗词有《还我斋诗存》《醉红楼词存》2 部，共 1000 余首。他的诗作，先后在《边疆文学》《滇池》《金沙江文艺》及美国四海诗社出版的《全球诗选》、日本汉诗协会的《一衣带水》、新加坡新声诗社的《侨报》等报刊刊出。1983 年，楚雄州文联金沙江文艺社将他的《奢格的化石》一册编为《金沙江文艺丛刊》。1998 年，禄劝县政协文史资料委员会出版了《梅绍农诗词选》专辑。2015 年，县文联将他的诗词进一步归集，出版了轿子山文艺丛书第四辑《奢格的化石》。

作品丰、质量高，梅绍农在云南诗坛有了自己的地位。梅绍农是中国作家协会云南分会会员，曾任云南诗词学会顾问。作品《班师行》与《我和云波文学社》荣获楚雄州文联马缨花文学创作奖。很多名人学者对梅绍农的诗歌评价极高，认为他是云南省现代诗坛上最有成就的诗人之一。马子华先生称梅绍农为“云南诗魁”。

先生已走，诗词长存。梅绍农先生的诗词，必将在禄劝文学史上永放光芒。

自古雪山第一人

张仕敬笔下的轿子山：物高且厚莫如山，洁而白莫如雪。兹山以石为骨，故劲而立，成高厚之体；以雪为衣，故莹白而不污，擅洁白之姿。山，特巨物耳，犹能如是；人为物灵，非山能拟，志不高心不厚不可对此山，身不洁事不白不可对此雪。

在禄劝，有一座声名远扬的山，名轿子，又名乌蒙山、绛云露山、云弄山、松外龙山。这座山，早在唐德宗兴元元年（784年）就被南诏王异牟寻僭封东岳。如今，由于旅游开发的宣传，这座山被越来越多的人所熟识，时人称之“滇中第一山”。

在当地的彝族文化中，轿子雪山是一座神圣不可侵犯的山岳，众多古老的彝文经典中，都将它确立为祖先灵魂的最终归属地。

说到轿子雪山，不得不提到一个人，这个人就是张仕敬。

张仕敬出身于清中期禄劝转龙一带的名门望族。因为家庭条件好，从小就受到良好的教育，又因天资聪慧，“少好读书，有文采，补诸生”，加上后天的自觉努力，曾被保送到国子监深造，世人称之“文秀才”。张仕敬是一个爱读书、喜吟诗、会作词的人，又是一个喜欢舞枪弄棒、有勇有谋的人，但他“为人深沉，有干略”，不喜张扬。清康熙庚子云南乡试，中武举，成为文武兼具的栋梁之材。

雍正五年（1727年），东川彝族土目禄天祐（号称法嘎王）抗拒“改土归流”，踞法嘎私造军械，图谋不轨，四出抢劫，县境东北部的乌蒙、转龙、雪山等地百姓屡受其害。雍正六年（1728年），云贵总督鄂尔泰组织兵力进剿法嘎王，张仕敬“协助武定参将魏翥国前往围剿，大破禄营”。战斗结束后，上司在总结时说，这次胜利，应当归功于张仕敬，故“幕府叙仕敬功，欲予以官”。然而，仕敬不喜为官，坚辞不受。但相关官员依然违背张仕敬的意愿，把实情上报，为他“加赐缯彩”，让更多的人知道了张仕敬能带兵打仗的事，这让张仕敬十分不开心。

雍正八年（1730年），东川彝族土目禄天福叛乱，张仕敬奉命以“土练”身份协助官兵进剿，在紫牛坡设下“疑兵计”，并“以数人破走万贼，收奇功”，大破禄天福主力，缴获叛贼器械无数，保护难民五百余人，“捷报入省，举城大欢”。

张仕敬的奇才与谋略，得到上级的肯定，以功升“都司佥书”，从游击王。他的弟弟张仕恒也参加了本次作战，“本诸生，以功进贡生，颁以贡照”。

然而，自古圣贤皆寂寞，张仕敬书读多了，深于学养，以言功为耻，不想走仕途之道，授予他一个武官的职位，并非所喜。于是，辞官不受，回到老家，“自是杜门诵索，不关人事，好宋儒周、邵、程、张书，探讨至忘寝食”。

诗词歌赋、游历山水才是他的最爱，尤其偏爱轿子雪山，敬畏轿子雪山。他以山明志，以洁表心，以山名作为其号名，自号“雪山”，写下诸多著述，结集时称《雪山集》。他是第一位以诗咏山、以山言志并著书结册的禄劝文人，开创了禄劝境内文人创作结集成书的先河。清代著名学者、禄劝县令檀萃编纂的《农部琐录》中，收录了张仕敬题为《雪山》的五言律诗一首：

一峰天作柱，万仞雪为衣。
镇北神仙在，摩霄踪迹稀。

钟灵成物秀，挺异接空巍。
白玉完全体，云开见日晖。

而张仕敬描写和歌咏轿子山景色最全面的作品，当属《乌蒙山》一诗：

此山奇绝不可峙，郁郁苍苍孰能纪！
晦明变化神器潜，千古茫茫谁到此。
山鬼啾啾木客号，古藤亘索垂猿揉。
山含百韵隔云木，落日熊罴呼其曹。
路断吊桥悬怪石，宛若晴虹高百尺。
悬撞渡索越他山，飒飒天风吹羽衣。
烟霞不隔仙源深，仙境渺茫何处寻？
人似避秦鸡犬近，松根履足蛩然音。
洞门深锁桃千树，山灵谢指桃源路。
翠观岑青紫柏图，鬼工凿处心惊怖！
上有惠泉清且漪，天地常来沐浴此。
双头孔雀有千年，白鹿尘尘独角长。
仙人酤我长春醑，一饮欢襟无所处。
仙缘浏滤涤尘烦，自信仙缘吾与汝。

晚年，张仕敬隐居轿子雪山下，时人呼之“张雪山”。

近距离面对巍峨壮丽的雪山，可以更细致地观察和憬悟神奇圣洁的雪山。张仕敬对人生的理解、对轿子雪山的爱，达到了一个新的高度。他“精于《易》，恍然有得”，写下《六十初度诗》《赠三家村老人》等感悟和寄情的诗篇。

在张仕敬的眼中，轿子雪山是有特定文化内涵的。《雪山集》里，以一种全新的角度和特别的方式去描述轿子雪山：

物高且厚莫如山，洁而白莫如雪。兹山以石为骨，故劲而立，成高厚之体；以雪为衣，故莹白而不污，擅洁白之姿。山，特巨物耳，犹能如是；人为物灵，非山能拟，志不高心不厚不可对此山，身不洁事不白不可对此雪。

在禄劝历史上，张仕敬不一定是最早进入轿子山并用文笔描绘轿子山的人，但是，他一定是第一位让轿子山活起来的人，第一个加速让世人认识轿子山的人。在他的影响下，越来越多的人走进轿子山，去欣赏美景，放飞思想，找寻世间净土。而张仕敬对轿子山认识之广、深、透和对自然的尊崇、感悟，更是让世人难以超越。时至今日，很多人往往是顺着他的文字和思想走进轿子山，认识轿子山的。

张仕敬，一个喜山乐水的高人隐士，一个轿子山文化的真正奠基人和传播者。没有张仕敬，就不会有今天文化意义上的轿子山。

诗歌飘过云龙河

渐渐看淡功名利禄的鲁大宗蓦然惊觉，自己已多年不谈诗文，原来“人生有幸须当咏，莫负诗情一世豪”才是自己想要的生活。

出生于罗婺部故地云龙幸邱山的鲁大宗，少年时求学于昆明五华书院，成年后归隐乡间，一生不仕，潜心教育，著书立说，成为20世纪初期禄劝的诗人代表和知识分子。为表明自己是世居禄劝的彝族，成名后的鲁大宗，以“洪农鲁大宗”自称，为自己的著述署名。

鲁大宗一生致力于培养乡土人才，促进地方文化发展，主持秀屏书院期间，编写《禄劝乡土志合编》为学童启蒙教材，这是禄劝第一部由本土学者编写，以本土历史地理为主要内容，并正式用于教学的乡土教材。鲁大宗还以书院为平台，举办种桑养蚕技术培训，开禄劝职业教育之先河。他编纂的《蚕桑举要》，是禄劝使用最早的职业教育教材。

鲁大宗对后人的影响，更多的是其诗歌创作成果。他一生不辍诗文，在故乡幸邱山中，与青松为友，邀百鸟为伴，春赏杜鹃，夏纳松荫，秋采黄菊，冬访寒梅，生活恬静安然，创作率性潇洒，为后世留下大量歌咏家乡美景的佳作。清光绪二十七年（1901年）出版的《听涛轩诗钞》辑诗105

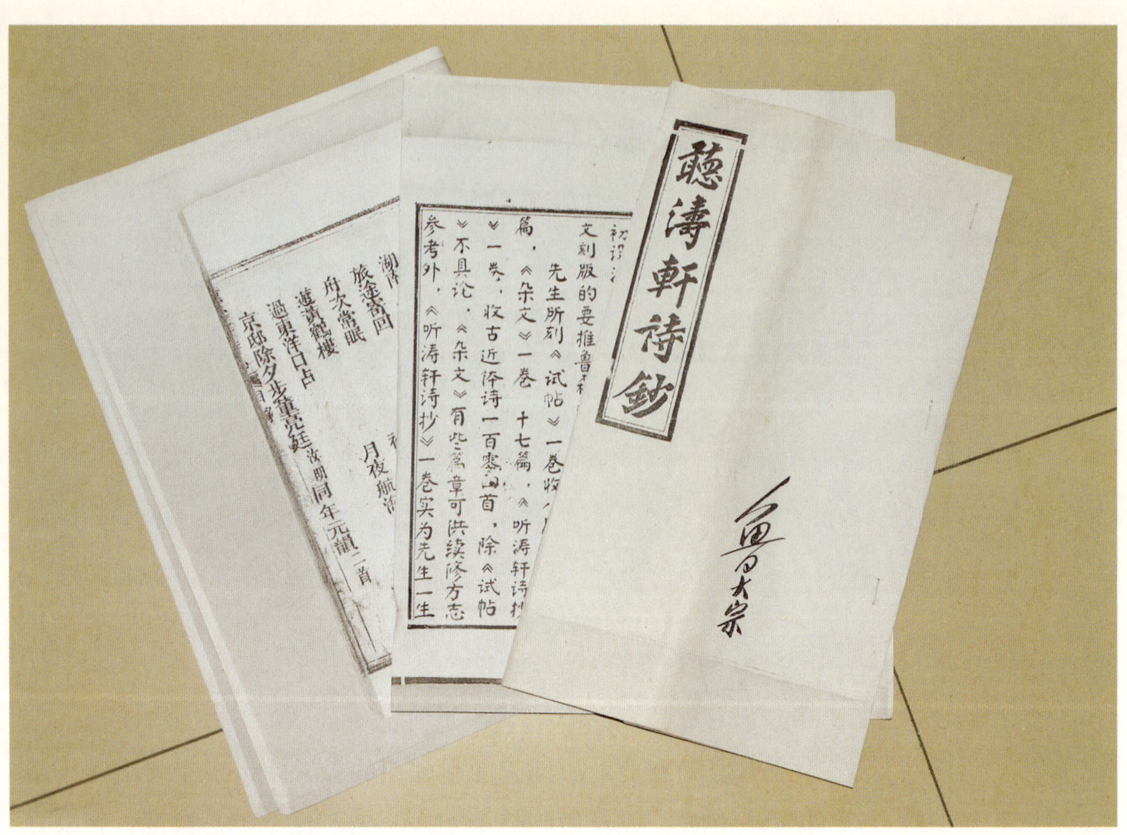

鲁大宗诗集《听涛轩诗钞》

首，文笔洗练，格调清新，遣词用句明白却不失文采，流畅而不输典雅，反映了鲁大宗不同时期的精神面貌和创作实绩。其诗作既有青年时代“游龙岂是池中物，绕尾腾云指顾间”的傲才自负，也有晚年生活“醉后同归行缓缓，乌巾遍插菊花回”的潇洒自如，部分诗词还记录了特定时期禄劝动荡不安、生灵涂炭的社会面貌。

年少时在五华书院求学的鲁大宗即对诗歌产生兴趣，并写下了《任申岁暮住五华书院杂咏》等诗稿，“腊冬残尽始离家，客里悠游度岁华。莫谓寒斋殊寂寞，兴来却赏笔头花”，抒发了读书的快乐和身在异乡的孤寂。在昆明求学期间，遇到清朝十二年一次的拔贡选拔考试，来自偏僻山乡的彝族青年鲁大宗初试夺魁中拔贡，让他的同窗学友羡慕、嫉妒，有人心里不平，戏称鲁大宗“昆明脱一科，禄劝出个小倮倮”，一向才思敏捷的鲁大宗当即回对“家鸡飞不起，野鸡飞到凤凰窝”，让学友不再敢随便打趣他。

鲁大宗没料到幸福来得这么快，欣喜之余，提笔写下两首给妻子的诗《丙子中秋闱内》。诗一云：“同来院内又三秋，战罢群雄力尚遒。矮屋居然如福地，重闱宛尔是瀛洲。笙歌断续诗怀爽，灯烛辉煌夜色幽。料得今宵明月下，朱衣照点暗中头。” 诗二云：“棘院重重夜色幽，倏然骤雨应中秋。词源浩瀚神皆畅，笔阵纵横力倍强。自古风流征底蕴，从来得失见操修。一般共是霓裳侣，若个先登五凤楼。”他从众多的生员中脱颖而出，被选为拔贡，这在偏僻的彝乡，是一件欢天喜地的大事，家乡的亲友称他“鲁拔贡”，希望他早日当官，有个好前程。

诗人身上还体现着彝族人的豪情与侠义。清光绪年间，拔贡返乡的鲁大宗为帮弱者申冤，先后孤身赴州府、省衙、京师告状，为屈死恶人之手的乡邻鲁木枝讨要公道。他滞留京师期间，适逢殿恩台试，中吏部朝考二等第一，选州判。

穷在闹市无人问，富在深山有远亲。一举成名的鲁大宗，有了面见达官的机会，他“适将屈情奏闻”，得到朝廷准奏，派出专员，到云南惩办不法官吏，鲁木枝的冤情，终于得到洗白。兴高采烈的鲁大宗高吟“却喜云开雁路长”，一路题诗作赋，返归故里。《由都旋里至滇途壁间有感》描写了他春风得意、心情舒畅的状态，“万里还家客，乘兴不用鞍。欢声夸上国，笑语话乡关。顿觉情怀畅，都忘世路难。文章欣豹变，炳蔚焕奇观”。人逢喜事精神爽，在《湖南上游舟次》中，他有了“风吹雨燕随歌舞，树隔啼鸠带雨鸣，如此春光如此景，谁能对此不关情”的满目春晖。

金榜题名，吏部注册，以为光宗耀祖的时日到了。谁料，人生没有一帆风顺。回到禄劝后，日复一日，年复一年，没有任何要他走马上任的消息，任职的事遥遥无期。鲁大宗方知，

"金榜有虚名，青云无路上"，失望之极，他将笔墨束之高阁，此后十六年不谈诗文。

没有官运的鲁大宗，转而把发展地方文化作为人生新起点，致力于教书育人。在秀屏书院执教主讲期间，编写《禄劝县乡土志合编》为学童启蒙教材。教书之余，他积极倡导种桑养蚕，举办蚕桑培训班，编纂《蚕桑举要》一书（今佚）作为教材，为禄劝发展蚕桑事业做了有益的尝试。今天禄劝的

火期山

茂山、转龙等地还有人栽桑养蚕，蚕丝棉成为禄劝的名特优产品，这其中的文化传承，当归功于鲁大宗百年前的首创精神。

时间是治愈伤口的良药。随着时间的推移，渐渐看淡功名利禄的鲁大宗蓦然惊觉，自己已多年不谈诗文，原来“人生有幸须当咏，莫负诗情一世豪”才是自己想要的生活。晚年的鲁大宗，再次回到出生之地幸邱山，回到云龙河边，耕田种地，听涛赋诗，并为自己的书斋起名——听涛轩，无事就坐在书斋里，过起了“侧耳轩前听，松涛并水涛”“秋宵无所事，杯酒助诗豪”的诗意生活。在《九日登高》里，鲁大宗就描绘了这种怡然自得的乡村生活，“高峰直上隔尘埃，聊采茱萸染旧醅。道左轻松宜作友，枝头好鸟亦相陪。东来风雨摧诗兴，北向心怀寄酒杯。醉后同归行缓缓，乌巾遍插菊花回”。

虽然鲁大宗到老还有“黄花影瘦秋光老，饱看余霞看夕晖”的无奈，“历试南闱又北闱，偏教壮士与时违”的感慨，但他终究还是走出了迷茫和困惑。清光绪二十七年（1901 年），鲁大宗把所写的诗作辑为 3 卷，取名《听涛轩诗抄》《听涛轩杂录》《听涛轩试贴》刻板刊行。今有《听涛轩诗钞》传世。

一个希望追求功名的鲁大宗，终生没有踏上仕途之路。

一个试图放下诗文的鲁大宗，一不留神成了传世的诗人。